おひとりさまの逆襲

「物わかりのよい老人」になんかならない

上野千鶴子
Chizuko Ueno
小島美里
Misato Kojima

ビジネス社

まえがき

上野千鶴子

介護保険が危機を迎えている！

そのために対談本を出したいが、誰と話したいか、と編集者の前田和男さんに問われて、私は小島美里さん、と答えた。

昨年秋、「史上最悪の介護保険改定を許さない‼連続アクション」のために小島さんと私は共闘した。小島さんは頼もしく、心強い同志だった。その彼女が、介護事業者であり、現場をよく知っており、深い危機感を覚えていることを知っていたので、一度じっくり話してみたいと念願していた。小島さんは最近『あなたはどこで死にたいですか？　認知症でも自分らしく生きられる社会へ』（岩波書店、２０２２年）という著書を出しており、その本は私が待ち望んだものだった。介護保険については制度論や政策論をやる学者は山のようにいる。他方、介護現場の苦労話や美談を語る体験記も、山のようにある。なのに、その両極をつないで、どんな制度が現場の実践を可能にし、その現場の問題や困難にはどんな制度上の欠陥や限界があるか、そしてそれをつなぐ中間レベルにある事業者（しかも高齢者の居宅支援を提供する在宅系の介護事業者）が何に直面しているか……を、マクロ、メソ、ミクロを串刺しにして論じる論者がこれまでいなかったからだ。

その前に私は『在宅ひとり死のススメ』（文春新書、２０２１年）を書いて、おひとりさまでも最期まで在宅で過ごせるようになるためにはどうすればよいか、を利用者の立場から論じてきた。小島さんの本は、その私の主張に対するチャレンジでもあった。そんなの無理、できない、という小島さんの真意は何か、ますます私の好奇心は募った。市民のボランティア活動から出発し、地方議員の経験者でもあり、介護保険以前からの介護事業の経営者でもあり、介護保険施行前後の現場の変化を体感しており、コロナ禍のあいだの介護現場の困難と闘ってきた小島さんの議論には説得力がある。私にとってはうってつけの対談相手だった。

とはいえ、私は小島さんに説得されたわけではない。共感するところもしないところもある。彼女が現場で肌感覚で感じている危機感には大いに共感するが、だからといって私は介護保険に希望を捨てていない。事業者の口からは言いにくいことだろうが、23年間介護現場を見てきたウォッチャーとして、証言しておきたいことがある。それは介護保険23年間の歴史は、確実に日本の介護現場の人材とサービスを進化させた、ということだ。だからこそ、かつては不可能だった「在宅ひとり死」が可能になるという選択肢が登場した。介護保険があったからこそ登場した選択肢である。さらに今日では認知症になっても「最期までおひとりさまで在宅で」が可能になる事例が、徐々にではあるが、積み上がってきている。

だが……その介護保険が危機を迎えている。制度があっても使えなくさせられていく「制度の空洞化」が進行している。どんな危機かは、詳しくは本文を読んでもらいたい。知らなかった……とショックを受けることだろう。知らなかったではすまない、あなた自身の老後の安全や安心が深くしずかに掘り崩されつつあるのだ。

対立を含みながら、小島さんと私が共有しているのは、このまま介護保険の後退がすすめば、現在できていることもできなくなる、という深い危機感だった。介護保険は問題だらけのスタートだったのだけれども、その恩恵を受けているひとたちは膨大にいる。今さら介護保険のない時代に戻りたいと思うひとは誰もいない。その介護保険が崖っぷちに追いつめられている、という危機感から、私たちは共闘した。そして今のところ、制度改悪の動きを押し戻すことに成功した。だが、油断はならない。いつでも揺り戻しが起きるからだ。

制度があっても使えない「改悪」の結果は、施設にも入れず、「在宅」という名の「放置」になることは目に見えている。コロナ禍の最中に、私たちは「在宅療養という名の放置」をまざまざと経験したばかりだ。この国の為政者たちは、高齢者をその程度のもの、そして高齢者のケアをする労働者の処遇を、その程度のものと考えているのだ。

これから先、高齢者人口のボリュームゾーンである団塊世代が後期高齢者になる。私もそのひとりである。2025年問題と呼ばれている。何が問題かといえば、75歳以上の後期高齢者になると要介護認定率が上昇し、介護保険財政を圧迫すると予想されるからだ。75歳以上になれば「死の権利」が与えられるという設定の映画『ＰＬＡＮ75』（早川千絵脚本・監督、２０２２年6月公開）が登場し、「高齢者は集団自決せよ」という若手の評論家の発言がまかりとおる時代だ。

介護保険を作ったのは主として団塊世代の官僚や市民である。介護保険の恩恵を、まず親の介護で、次に自分自身の介護で受けるのも団塊世代である。介護保険改悪の結果は団塊世代にふりかかってくる。だが、「制度の持続可能性」の名のもとでのその改悪のしっぺがえしを受けるのは、「高齢者優遇」を批判している当の若い世代でもあるのだ。世代間対立を煽られてそれに乗せられている場合ではない。介護保険があるおかげで、年老いた親を安心してひとりで置いておけるのだし、子ども世代も安心して親から離れていられるのだ。そして将来、あなた自身の老後の安心も介護保険にかかっている。団塊世代は、学生運動や全共闘運動を経験した世代でもある。本書では「全共闘世代」の介護をめぐる意識調査の結果にも触れられているが、そのジェンダー・ギャップも興味深い。かつて社会の不正義に対して闘った彼らは何をしているのか？　あの時の義憤や闘志はどこへ消えたのか？

いま、高齢者のあしもとに危機がひたひたと押し寄せている。本書でそれを実感してもらえたらと思う。

まえがき　上野千鶴子――3

第1章 団塊世代と「2025年問題」

「連帯を求めて孤立を恐れず」〝家族帝国主義〟と闘った愚直な女たち――14
団塊世代はなぜ嫌われる？――17
アンケートから見えてくる団塊・全共闘世代の虚像と実像――21
女たちは配偶者を介護しようなんて考えていない――24
「団塊旧男類」は老後について思考停止――29
物わかりのよい年寄りにならないと見捨てられる!?――32
嫌われるデイサービス、入りたくない老人ホーム――37
認知症のキーワードは「不安」――39
チーチーパッパなんかやりたくない――41
元ゲバ学生と元〝金の卵〟は同居できるか？――43

団塊男のリタイアで地域活動の「会社化」が始まった――46
ヘルパーを傷つける「こんなことは娘や嫁にはさせられない」――47
自己主張する高齢者はけっこう愛されている？――52
婚姻率が高い団塊の世代――56

第2章

「主張する団塊老人」に明日はあるか

「野垂れ死に」はオジサンたちの妄想――60
団塊ジュニアから始まる「親ガチャ」――65
「健康寿命の延伸」は虚構――71
駅のエレベーターは障がい者が命懸けで勝ち取った成果――74
認知症から逃げられると思っている男たち――78
認知症を社会から遮断しない――80
すぐに死なないほうが子どものため？――84

第3章 「８０５０問題」——団塊ジュニアに明日はない!?

就職氷河期コア世代が直面する「８０５０問題」——90
団塊ジュニアが抱える老後不安——94
「８０５０問題」は「失われた30年」の人災——97
若者と全共闘世代の共闘は可能か？——101
介護問題とはジェンダー問題である——105
ＢＢ（貧乏バアさん）問題——女は老後も低賃金で貧乏。死ぬまで貧乏——108

第4章 介護保険制度の歴史的意義をかみしめる

介護制度を作ったのは団塊世代の官僚と市民——114
「措置から契約へ」「恩恵から権利へ」のタテマエは良かったが……——121
日本の介護保険　九つの特徴——124
ボランティアか融通のきかない公務員か、の二択を超えて——127

当初反対があったケアマネジャー制度——132
瞬く間に激増した利用者と施設の裏で——135

第5章 介護保険があらわにした介護の現実

介護保険のめざした地平、意図した効果——142
意図せざる介護保険の効果——145
介護保険法の改悪の黒歴史——150
特養にホテルコストを導入——152

第6章 史上最悪の介護保険改定を許さない

史上最悪の今回改定の中身——158
総合事業化によるサービスの質の低下——162
「介護保険を使わないあんたが偉い」!?——165
認定率を低める自治体間競争——169

利用者の2割負担で様変わりする介護現場――170
特養は高額所得者か生活保護受給者しか入れない――172
ケアプラン作成費用も2倍に――175
福祉用具はレンタルから買い取りへ――176
職員不足、ICT化、施設がヤバイ――177
医療系も巻き込む――180
改悪は押し戻した。あえて勝利宣言を!――183
政府のシナリオ「再家族化と商品化」を撃つ――189

第7章 「在宅ひとり死」は可能か

『あなたはどこで死にたいですか?』が教える現実――194
「ひとり死」にいくらかかるのか?――195
定期巡回・随時対応型は救世主にならない?――201
高齢者の声が届かない。日本にも退職者協会(AARP)を!――207

第8章

理想の高齢社会は、幸せな「在宅ひとり死」ができること

「在宅ひとり死」は不可能？——212
認知症でも「在宅ひとり死」は可能か？——218
「見守り」を人の目からテクノロジーに変えることは可能か——221
〝在宅の限界〟とは、いつ誰が、何をもって判断するのか——222
高齢期とは何とも言えないことばかり——225
「サ高住」が増えたのは厚労省と国交省の〝陰謀〟？——227
ヘルパーさんがいなくなる！——229
「なんでもあり」の老後を最期まで生き切る——233

あとがき　小島美里——235

第1章

団塊世代と「2025年問題」

「連帯を求めて孤立を恐れず」〝家族帝国主義〟と闘った愚直な女たち

上野　小島さんはNPO法人「暮らしネット・えん」代表理事であり、約20年にわたり介護サービスに関わってこられ、昨年『あなたはどこで死にたいですか？　認知症でも自分らしく生きられる社会』を出版されました。この本は、私が待ちに待った内容が満載で、小島さんとはぜひ対談をと願っておりました。

小島　ありがとうございます。上野さんにお褒めの言葉をいただき、とてもうれしいです。私も上野さんと話せるのを楽しみにしておりました。よろしくお願いいたします。

上野　これから、日本社会が抱える最重要課題と言っても過言ではない「介護」について、その道のプロである小島さんと、存分に議論をして問題点を深掘りしていきたいと思いますが、その導入として、まずは「2025年問題」を取り上げたいと思います。

私もその一員ですが、2年後の2025年、戦後直後の4年間に生まれた700万〜800万人とも言われる団塊の世代が全員75歳以上の「後期高齢者」となります。そして、その多くは医療と介護に大きな負荷をかけると予想されることから、さまざまな方面から社会的な警鐘が鳴らされています。しかし、そのほとんどは当事者外からのものです。それは「2025年問題」に関する国の各種審議会のメンバーに一人として団塊世代の当事者が入っていないことからも明らかです。「２０２５年問題」の最大の問題は、当事者を埒外において議論されていることにあります。今後、「２０２５年問題」についてさまざまな施策が打ち出されるでしょうが、当事者不在では取り返しのつかない失敗を招いて後世に大きな禍根を残しかねません。

これについて、小島さんはどんな受け止めをされていらっしゃいますか？

小島　私自身は１９５２年生まれで、団塊世代の妹にあたる年代ですが、２０２５年以降に介護の問題に直面する人たちが「大きな塊り」になってふえるというイメージで、とりたてて「団塊世代がどうの」を意識しているわけではありません。

上野　団塊世代は、全共闘世代でもあります。

昨年の9月19日にこの「２０２５年問題」を考えるシンポジウムが実施されまして、そのテーマが「物わかりのよい老人にならないと団塊世代は見捨てられる!?」というものでした。主催は団塊世代の中でも全共闘運動に関わった、元〝暴力学生〟諸君です（笑）。

小島　いわゆる極左暴力集団ですね（笑）。

上野　全共闘世代のパネリストが４人で、男性2人、女性2人です。女は私と作家の久田恵さん。興味深かったのが、上野は「おひとりさま」、久田さんは「シングル・アゲイン」のシングルマザー。それにたいして、男性二人は妻帯者。

「団塊/全共闘世代の未来と課題PARTⅡ～当事者の視座から『2025年問題』を考える～物わかりのよい老人にならないと団塊世代は見捨てられる!?」2022年9月19日平塚プレジールで、「NPO地域共生を支える医療・介護・市民全国ネットワーク第1回全国の集い」の分科会シンポジウムとして開催。

パネリスト左から上野千鶴子氏（東京大学名誉教授）、久田恵氏（大宅壮一ノンフィクション賞受賞作家）、三好春樹氏（生活とリハビリ研究所代表）、畑恒士氏（医師）

小島　なるほど、みごとに対照的ですね。

上野　私と久田さんが打ち合わせもしないで奇しくも口に出した言葉が、あの当時流行った「連帯を求めて孤立を恐れず」でした。後から来た世代から見たら笑うべきセリフだったかもしれませんが、当時の私たちはこれをみんな真に受けたわけです。

小島　「連帯を求めて孤立を恐れず」。有名な言葉でしたから、上野さんの妹世代の私もよく覚えています。

上野　そして、この「連帯を求めて孤立を恐れず」のもとには、今ではすっかりみんな忘れている「家族帝国主義粉砕」というスローガンがあったんです。帝国主義は別に対外的な植民地支配だけじゃなくて私たちの足元、家族の中にあると。そのスローガンを真に受けて、家族帝国主義に抵抗して「おひとりさま」になったのが上野。同じように真に受けて事実婚をしてシングルマザーになったのが久田恵さん。なんと愚直な生き方をした女たちなんだろうと（笑）。男たちはさっさと「家族帝国主義者」になって、すんなり家父長に収まっていきましたから。

団塊世代はなぜ嫌われる？

小島　ちなみに小島は死別シングルです。全共闘世代は後から批判を受けましたよね。

上野　さんざん騒ぎまくった後にちゃっかり就職、企業戦士になって高禄を食んだ。退職後は高額の年金をもらってうまいことやっているじゃないかと。〝ブル転〟ことブルジョワ転向したと責められました。でも、事実はそうではありません。その中にいた一人として、証言しておきたい。団塊世代のうち学生運動に参加したのは、まだ少数派だった大学生のうち、さらにごく一部の学生たち。多数派は運動に関心を示さないノンポリでした。つまり、団塊世代のマジョリティは、どの世代のマジョリティとも同じく、大勢順応主義者でした。「うまく逃げ切った」というのはそういう人たちで、学生運動に参加した人たちは退学したり、フリーランスになったり。その後も地道に社会運動を続けています。

団塊世代が下の世代から嫌われるのは、別の理由からです。団塊世代の男たちは、会社の中でホモソーシャルな企業文化をつくってきたし、結局、「旧男類」のふるまいに終始しました。あの暑苦しい島耕作みたいに、夜中まで残業して、「さぁ今から飲みに行くぞ!」「あと、もう一軒」とはしご酒。こんな「熱血オジサン」たちは早く消えてほしい。そうすればもうちょっと会社ともクールな関係を保てて、企業の風通しも良くなるだろうと多くの人が期待したんです。だから、あの「旧男類」のオジサンたちが嫌われていたのはたしかです。

小島　そうですね。上から目線で人の話は聞かない、学生時代の武勇伝を延々、というイメージです。その上まずまずの退職金もらって年金も確保、逃げ延びた世代と見られています。

上野　実際には、そのオジサンたちに退職年齢が来て、きれいさっぱり企業から消えた後も、企業の組織文化は少しも変わらなかった。ということは、後の世代にも「ホモソ（ホモソーシャル）なオジサン」たちが再生産されたということです。

そうすると、嫌われる原因は「世代要因」ではなくて、ホモソーシャルな「会社人間」だったということになりませんか。

小島　介護の現場に団塊のオジサンはまだいませんし、働く仲間にもいないですから、利用者さんも介護側もそのへんについては何の先入観も持ってないと思いますよ。団塊云々を論じるほど理屈っぽい人たちは介護の業界にはあまりいないですしね。

上野　そこはちゃんと事実を述べておきたいのですが、そもそも、当時は大学進学率が同年齢人口の約15パーセントと低いうえに、その進学者のうち全共闘運動参加者は、活動家プラスシンパを含めて２割程度。全員が参加したわけじゃありません。

全共闘派に対して、真っ向から対抗してスト破りをしたりしたのが約２割。これは黄色いヘルメットを被っていた民青系（日本共産党の青年組織、民主青年同盟）の人たちとかですね。それに加えて、今から思えば日本会議の元になった右翼の学生運動や体育会系で、バリケード潰しをやった人たちもその中に含まれます。残りの６割はノンポリで、大学がバリ封（バリケード封鎖）されると、旅行に行ったりアルバイトをしたり……。

私の仲間たちで、一部上場企業に就職した人はほぼいません。私が卒業した京大はくさってても国立1期ですから有利な就職をしてもふしぎはありませんが、そんな人はひとりもいませんでした。どんな世代にも大勢順応派というマジョリティはいるもので、マジョリティがマジョリティの生き方をするというだけのことです。全共闘世代が〝ブル転〟したというのは、後から来た人たち、あるいはメディアの印象操作だと思います。このことは、ちゃんと言っておかないといけないとつねに思っています。

小島　すると、全共闘の人たちはその後、どんな生き方を？

上野　「一度寝た子は起きない」というように、その後私たちの仲間は、男も女も生協運動や地域活動や住民運動などをずっとやっています。三つ子の魂をずっとその後も持ち続けてきている。これはちゃんと証言しておきたいと思います。そういう活動を経験してきた世代で、世間に物を申してきた人たちがこれから高齢者になっていきます。これまでの高齢者は、ほぼ物言わぬ要介護者だったかもしれないけれど、これからは物を言う人々が高齢者になっていくでしょう。

小島　今の上野さんのお話では、全共闘を卒業なさったお兄様お姉様たちはその後社会に入っても、地域活動や生協活動を続けていらっしゃる。そのことはもっと知られていいですね。私が出会った生協の創設メンバーはもう一つ上の世代、60年安保世代でした。地域での市民運動でかかわった人々に団塊の世代、大学闘争にかかわった人は少なくありませんでした。

アンケートから見えてくる団塊・全共闘世代の虚像と実像

上野　では、本題の「２０２５年問題」に入りましょう。これについては、興味深いアンケートがあるので、これを議論の入り口としましょう。

一つは、２０１９年12月に刊行された『続・全共闘白書』（情況出版）の介護関連のアンケートです。同書は全共闘体験者４４６人に行った生活実態から政治信条まで75項目にわたる回答を収録したもので、そのうち介護関連は、以下の通りです。

「介護保険の利用状況」
「要介護者の有無」
「介護を担っているのは誰か」
「今後介護が必要な家族はいるか」
「要介護になったら誰にしてもらいたいか」
「最期はどこで迎えたいか」

もう一つは、それから3年後の２０２２年8月に、同書の回答者にたいして実施された追加

『続・全共闘白書』
（情況出版、2019年12月）

全共闘体験者446名に生活実態から政治信条まで75項目を質問
回答者は、男400人（89.7％）、女46人（10.3％）、総数446人
設問75項目のうち、介護関連は「介護保険の利用状況」「要介護者の有無」「介護を担っているのは誰か」「今後介護が必要な家族はいるか」「要介護になったら誰に」「最期はどこで迎えたいか」

＊3年後の2022年８月『続・全共闘白書』の全回答者に介護関連の追加アンケートを実施。
回答者は、男117人（回答率31.1％）、女18人（回答率42.9％）
質問は、「物わかりのよい年寄りになるべきか」「要介護になった場合の不安」ほかアンケートです。私がパネリストの一人として参加した「2025年問題」を考えるシンポジウム「物わかりのよい老人にならないと団塊世代は見捨てられる⁉」のためのもので、設問は以下の通りです。

「物わかりのよい年寄りになるべきか」
「介護の経験の有無」
「自分が要介護になった場合についての不安」
「介護における性別役割の認識について」
「要介護期を支える友人後輩はいるか」

この二つのアンケートは、対象が全共闘運動の経験者に限定されていますから、サンプルが偏っていると見るか、それとも、数は少ないけれども尖っている分だけ、ある意味トレンドセッターかもしれないと考えるのか。私は見方によっては示唆にとんでいると考えますが。

小島　はい。とても興味深く拝見しましたが、前提として回答者の男女比が気になりました。『続・全共闘白書』のアンケート回答者は男400人、女46人。女は約1割です。この偏りに、統計的妥当性はあるのでしょうか？

上野　当時の大学進学率は、男子が20パーセント、女子が5パーセント、平均で15パーセント程度。キャンパスには女子は2割ぐらいいたはずですが、全共闘運動に参加した女子は、それよりも少なかったので、このぐらいの割合が妥当でしょう。
　小島さんが気になったところはどこですか？

女たちは配偶者を介護しようなんて考えていない

小島　このアンケート結果によると、まだまだ要介護者は少数ですよね（図1参照）。
上野　アンケートをとったときにはまだ前期高齢者ですから、これから先に要介護者が大勢出てくるでしょうし、誰もがそれを予期している。要介護になったらどうするかというと、ジェンダー差がくっきり現われます。全共闘世代といっても、男は「旧男類」で、女は「新女類」だったと思います。たとえば、「介護を担っているのは誰か」と聞くと、男性には「配偶者」が出てきます（図2参照）。
小島　その通りです。逆に「配偶者」と答えた女性は一人もいません。
上野　家族に要介護者がいるときに、男が「配偶者」と答えるのは、つまり嫁に介護をやらせている男たちが相当数いるということです。
　それから「自分が要介護になったら誰に」では、まあ、ほんとうに、なんて能天気なんだろうと思いますが、ここでも男性には「配偶者」という答えが出てきます。対して、女は配偶者

図1　要介護者の有無

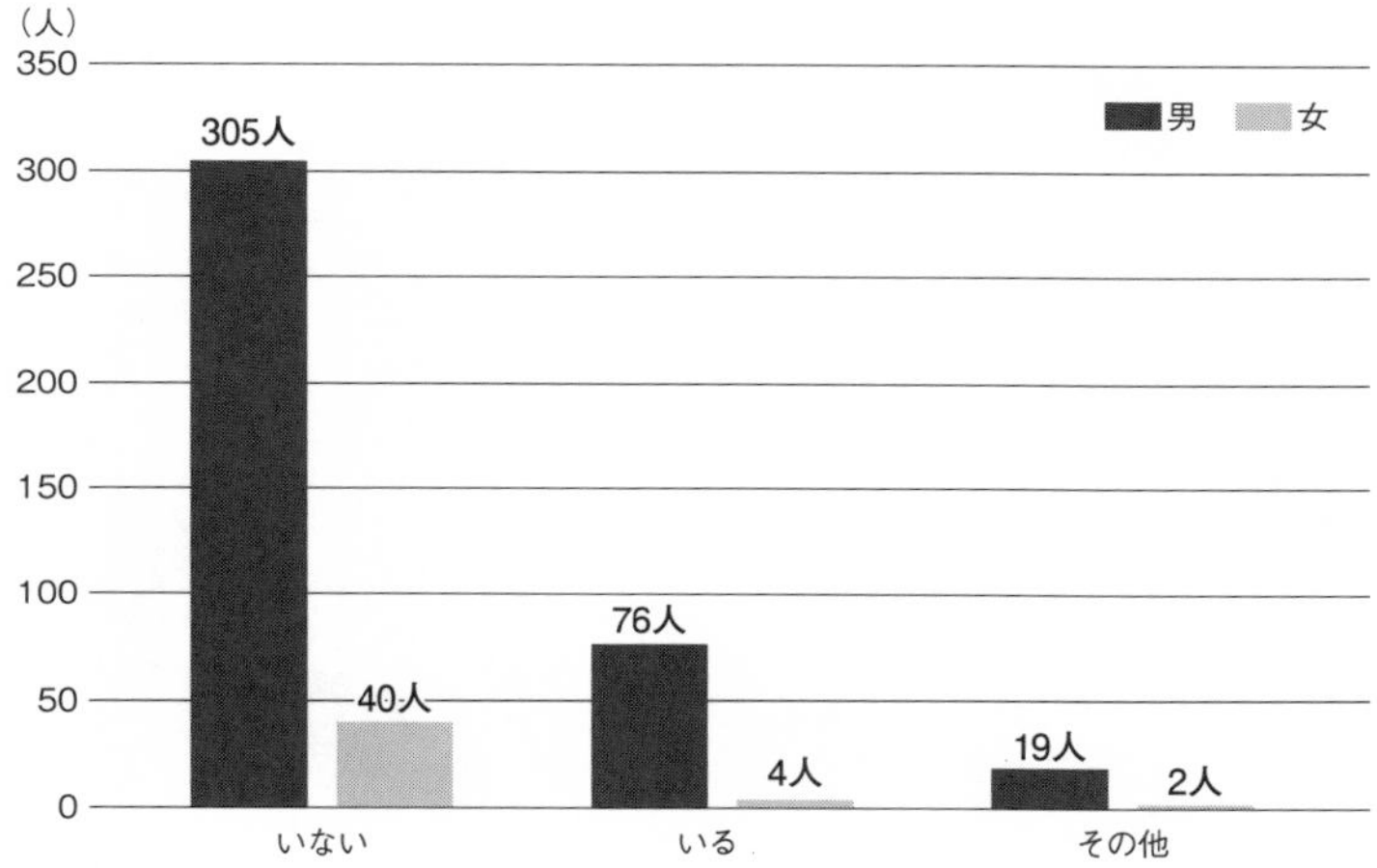

図2　介護を担っているのは誰か〔複数回答〕

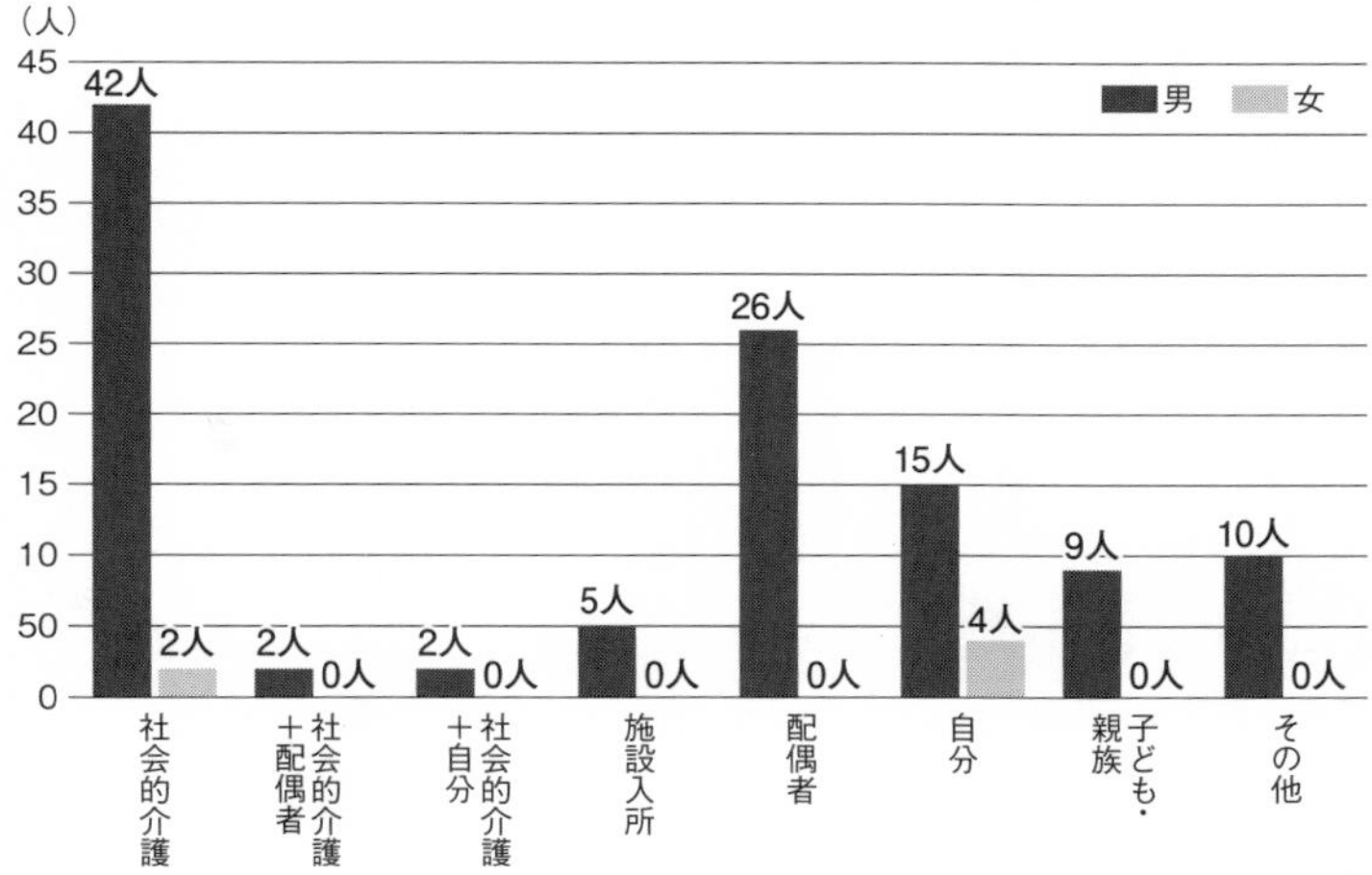

出所：図1、2ともに『続・全共闘白書』（情況出版、2019）より

図3　自分が要介護になったら誰に看てもらいたいか？

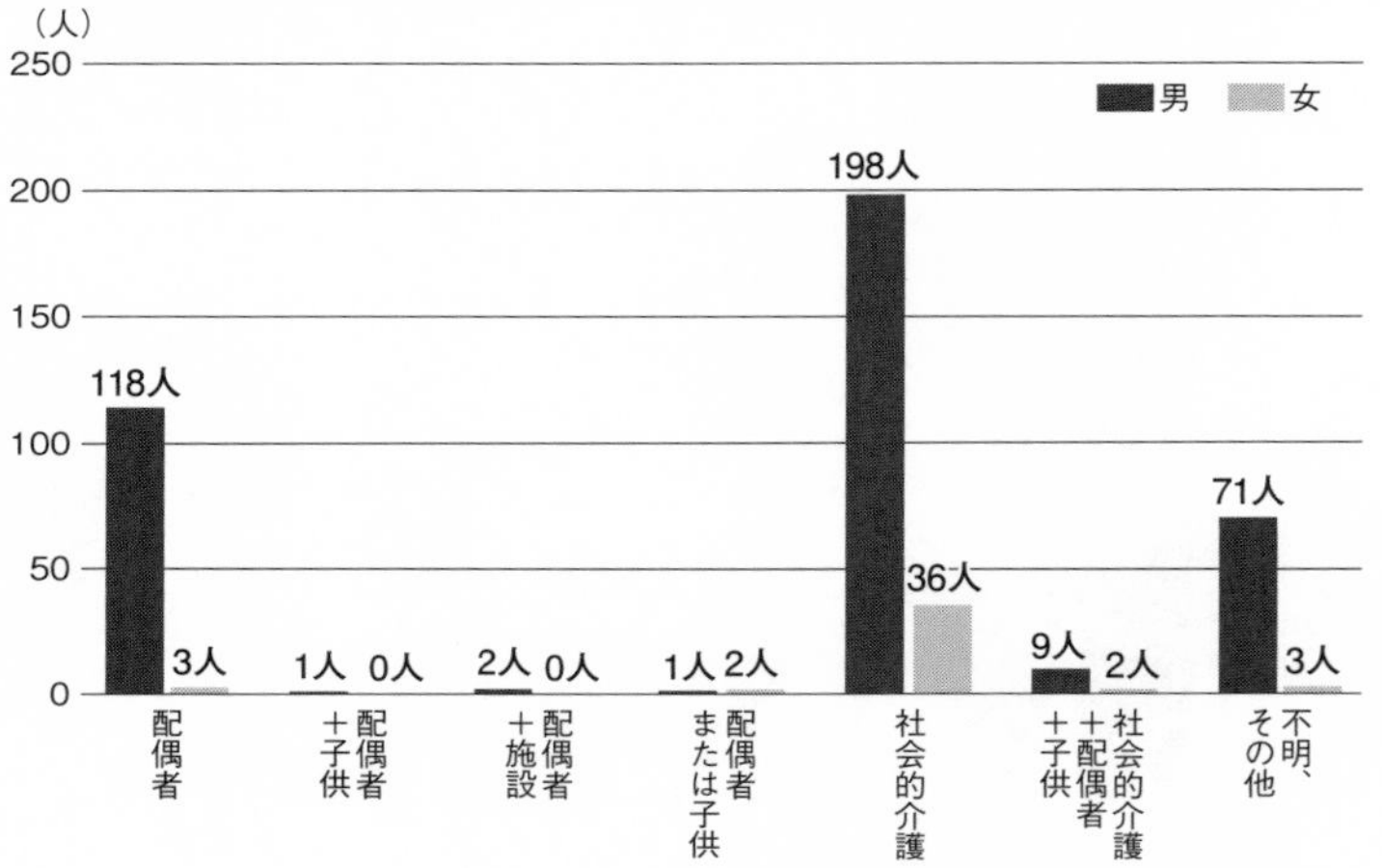

出所：『続・全共闘白書』（情況出版、2019）より

にはほとんど期待していません（図3参照）。

小島　夫を看るつもりもないんでしょう。

上野　そうかもしれませんね。夫は期待しても、妻は期待に応えないかもしれません。というわけで、団塊男の介護期待は、いい気なもんだねっていうのが私の感想でした。

小島　団塊の世代に絞ったアンケートではないんですけれども、以前目にしたデータでもやはり男女差が大きくて、女性は配偶者に看てもらおうと思っていない。「ヘルパーさん」という答えが多くありました。

上野　そうですね、それと施設が多いですね。

小島　はい。施設かヘルパー。だけど男性はほんとうに能天気に「配偶者」と答える。でも、当の配偶者のほうは「あんたのことを看てやりたいなんて思ってない」と考えていることに気づいていないところが可愛いというかアホというか、その辺は前から感じていたところです。6、7年前に地方都市の市民向け講座の講師に呼ばれたとき同じ質問をしました。男女半々ぐらいの参加者で、男性は素直に「配偶者」に手を挙げ、女性は「介護職」が多く配偶者はゼロ。「こちらの男性は素直でいらっしゃいますね」とコメントしておきました。

上野　今の小島さんのご発言にズバリ合致するような回答がありますよ。「自分が要介護になった時に具体的な不安・心配はあるか」の問いにたいする「息子のつれあいに、紙おむつを取り替えてもらえるか否か。どうせカミさんはしてくれないだろうから」というコメントです（図4参照）。

小島　はあ？（爆笑）

上野　私は、これが一番引っかかったんです。「どうせカミさんはしてくれないだろうから」の認識までは当たっていると思います。

小島　息子のつれあいって？　なんで！　とんでもないですよ、これ。

上野　こいつ、何考えとんねん!?（笑）。ほんとうにびっくりしました。今時嫁が舅の世話をやってくれると思っているのか。そもそも「息子のつれあい」が出てくるということ自体が驚きです。息子は何してんだと思うじゃないですか。世話してもらいたいなら、息子の連れ合いに

図4　要介護への不安と対処（一部抜粋）

息子のつれあいに紙おむつをとりかえてもらえるか否か？（どうせカミさんしてくれないだろうから）（男）
自分で意識のしっかりしている間に死にたいが、入水は他人に手間がかかるので良くない。「死にたい人に死ぬ権利を」が僕の希望です。（男）
できる限り在宅で生活したいが。介護保健施設、有料老人ホーム行きかな？　不安なのは金、現在の介護保険制度ではまかなえないので。
介護状態になったとき、早めに施設に入れてもらいたいが、子供夫婦に、金銭的に余裕があるかどうか？　早めにグッドバイしたい。生かされ続けるのは嫌だ。（男）
考えてもしかたがない。想像できないので、成り行きまかせです。（男）
「食事、運動、脳活の3点セットで健康寿命の延伸に努めて社会のお荷物と言われぬよう、いじわる婆さんとして生き延びたい。ガンは先が読めるので許せるが、認知症はお手上げ」（女）
「生きるためのことは昔から学んで何でもする(DIYも含め)。性別のことではなく楽しく生きる姿勢、わからなければ学ぶこと」(女)
介護生活が生じないための食事、運動など努力中。単身の自分は介護はまったく考えられぬ。高額な介護保険料も不愉快。仕方なく身動きできぬ方は介護保険の活用を！　友人など必要ない！（女）
信頼できる友人が居れば怖いものなしです。（女）

出所：『続・全共闘白書』（情況出版、2019）より

じゃなく、息子に頼めよって。こういう発言が自分の同世代の男からしれっと出てくるということが驚天動地でした（笑）。

小島　驚天動地というか、まぁ呆れるだけですね。別の回答者はこうも言っていますよね。「自分で意識のしっかりしている間に死にたいが、入水は他人に手間がかかるので良くない」そして「『死にたい人に死ぬ権利を』が僕の希望です」とも（図４参照）。勝手に死ねって感じですけどね、こんなこと言わないで（笑）。

上野　「死にたい人に死ぬ権利を」、なんてことをぬけぬけと言う。それほどほんとうに死にたいのかしら？

小島　死ぬのは苦しいらしいから楽な死に方を選びたい、と。

「団塊旧男類」は老後について思考停止

上野　「自分が要介護になったときに具体的な不安・心配はあるか」にたいする自由回答にはずいぶん正直なコメントがあるなぁと思うのは、これです。「考えてもしかたがない。想像できないので、成り行きまかせです」。私もずっと高齢者の研究をやってきていますが、男に老後のことを聞いたときに多いのは、「思考停止」です。

小島　思考停止というより、見たくない現実は見ない、という姿勢です。

上野　老後や介護については、見たくない、聞きたくない、考えたくない、目の前からとりあえず追いやって考えない。

小島　あるいは、あまり思ってもいない自死とか尊厳死みたいなことを持ち出してくる。ちょっとこれはずるいですよね。生死の話を茶化すようなことを言うのはよくないですね。70半ば、昔なら「古来稀」の年齢で。「ちゃんと向き合いましょう、お兄様方」と申し上げたい。

上野　リアリティがないから平気で言うんです。「あきれ果てた」というのが正直な感想です。それと、「要介護期を支える友人後輩はいるか」にたいする回答では、やっぱり男女で逆転します（図5参照）。高齢者データのどれを見てもわかるんですが、心配事は女では貧乏、男は孤立が多い。女性の回答に「友達なんかいらない」っていうのもありました（28ページの図4参照）。きっぱりしたセリフじゃないですか。友達のいない私はどうしましょう、なんて泣き言を言わないところがいいですね。

小島　これはいいと思いますよ。友人がたくさんいたとしても、超高齢になれば一人、また一人といなくなる。長生きすればするほど同年代はいなくなるのですから。

上野　私は以前から「金持ちより人持ち」と言ってきたんですが、実はおひとりさま耐性さえあれば、友達はいなくてもいいんじゃないかと思っております。

図5　要介護期を支える友人、後輩はいるか

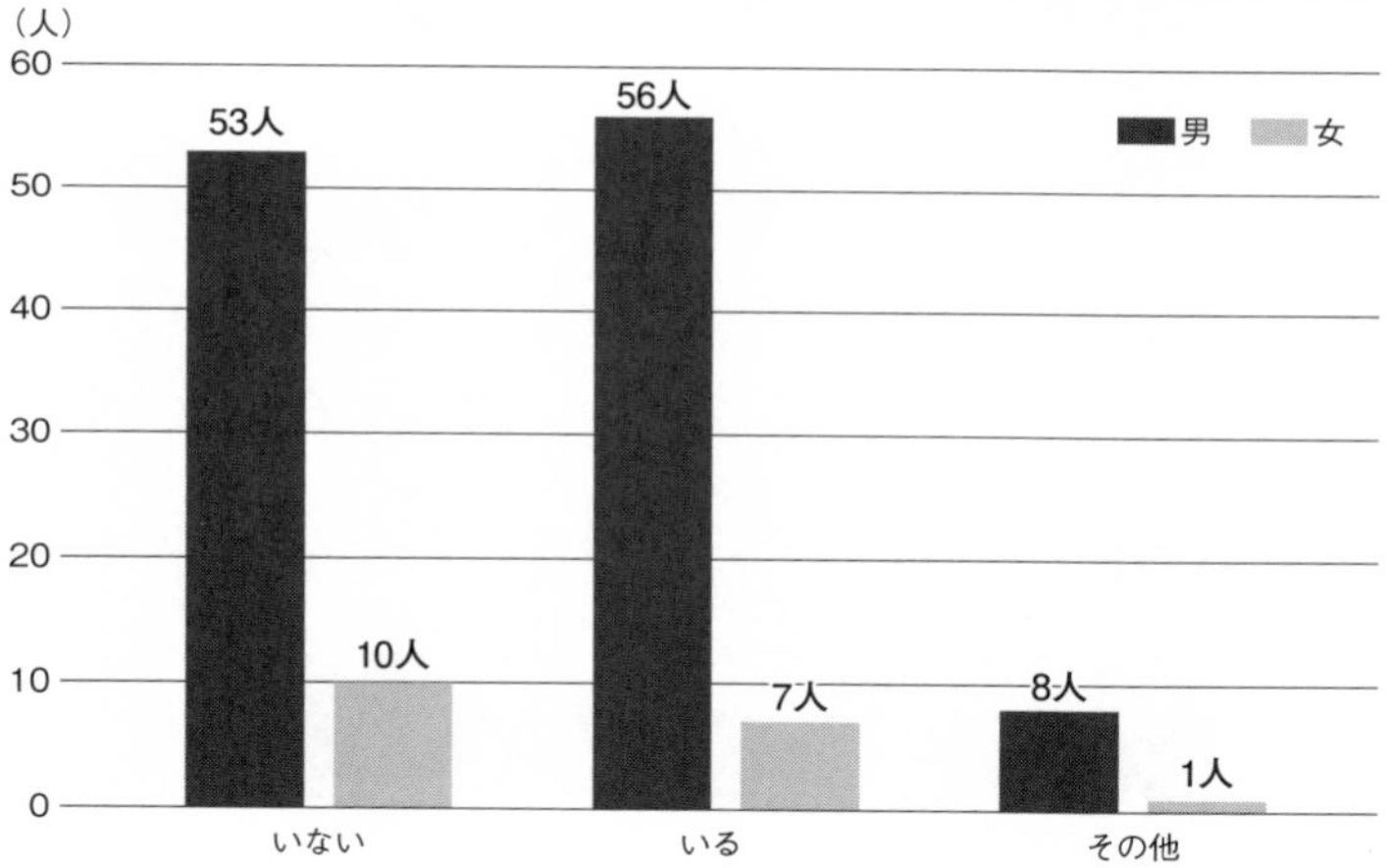

出所：『続・全共闘白書』（情況出版、2019）より

小島　かたや男は「めんどうくさいから死んじまえばいい」。そういう投げやりさ、これは、冗談じゃないですよ。そんな人たちをうちのヘルパーに看させるのかって、ちょっと腹が立ちますね。

上野　このアンケートでは、今、介護保険を使っているのは、男が12人で、女が1人。まだ前期高齢者なので、この低い数字なのでしょうか（図6参照）。前期高齢者は元気なので、介護はまだ他人事《ひとごと》なんだと思います。それで妻任せ、嫁任せという、その何とも言えないあなた任せ感がくっきりはっきり出ていますね。

小島　そうなんですね。（男たちは）ほんとに高齢期の実態というものを知らない。心臓疾患だとかによる突然死、ポックリ逝っちゃう

図6　介護保険は利用しているか

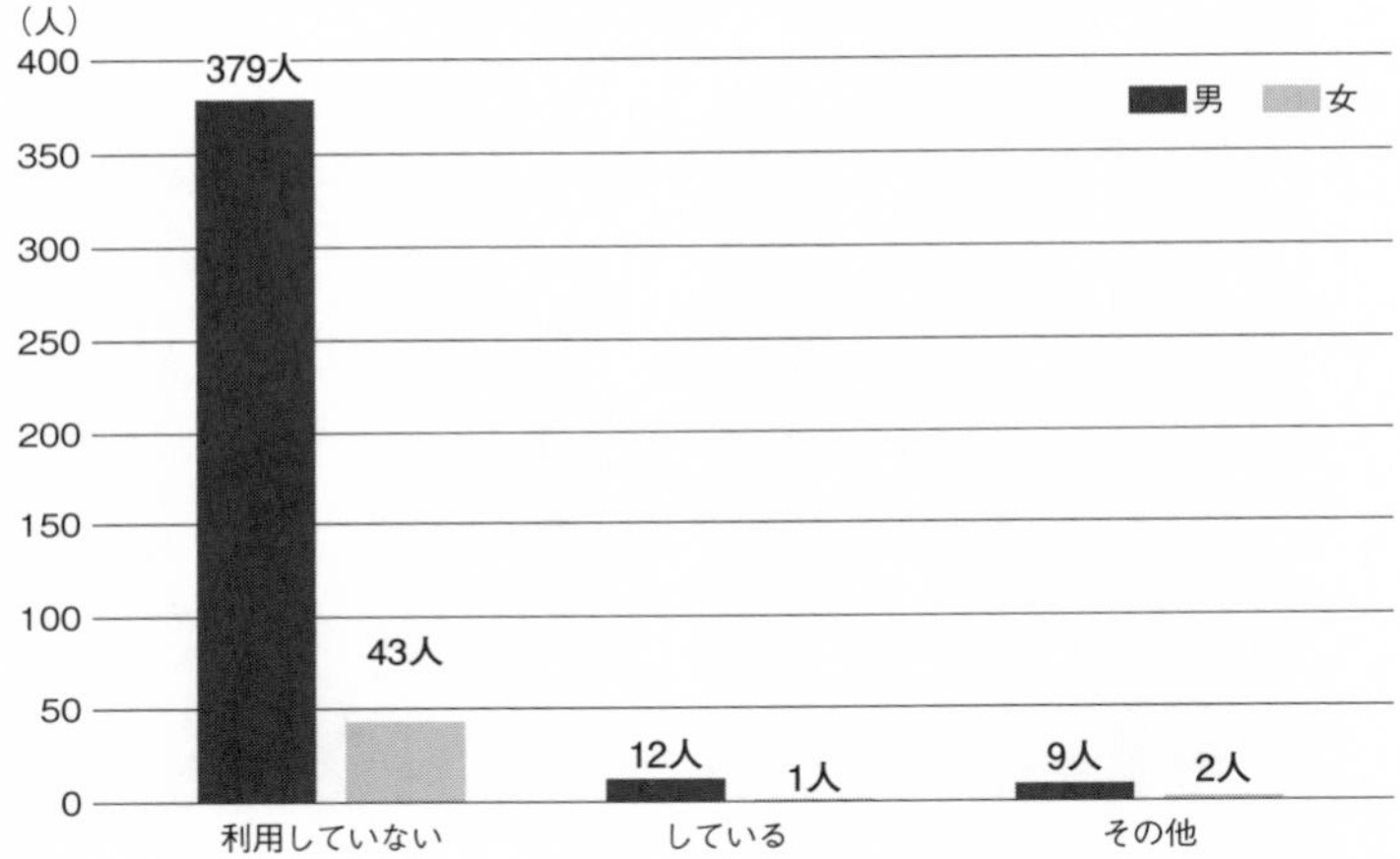

出所：『続・全共闘白書』（情況出版、2019）より

のはそういうもんだと思っていらっしゃるんだけど、認知症になったり、老衰で10年もウロウロしながら生きていくということにリアリティを感じていないっていうか。

上野　そうですね。男たちは現場を知らない。おそらくこの世代は親の介護をすでに経験しているはずなんですが、その介護を自分の妻や姉妹に任せきりで、自分はほとんど何もやってこなかったような感じがしますね。

物わかりのよい年寄りにならないと見捨てられる!?

上野　そんな人たちがこれから「要介護」になるとき、「物わかりのよい年寄りになるべきか」っていうお題が寄せられました。

図7　物わかりのよい年寄りになるべきか

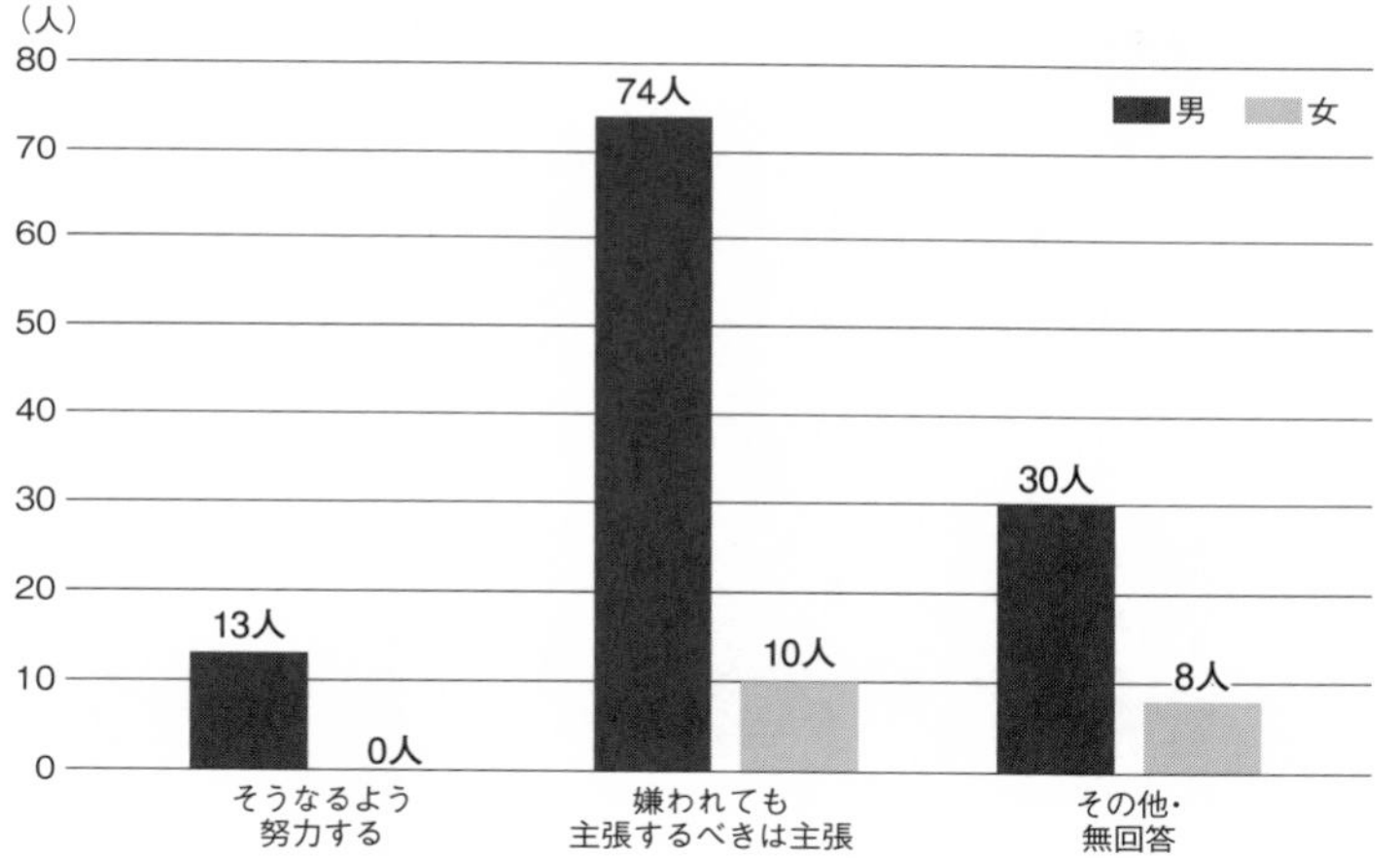

出所：『続・全共闘白書』（情況出版、2019）より

冒頭でも述べたように、２０２５年に７００万～８００万人もの団塊世代が全員「後期高齢者」入りして、その多くは加齢とともに「要介護者」になる。そうなると「物わかりがよい老人」でないと見捨てられるかもしれない。昨年秋、私がパネリストに呼ばれたシンポジウムのタイトルは「物わかりのよい年寄りにならないと見捨てられる⁉」で、事前にタイトルをそのまま設問にしたアンケートがとられました。その結果は、圧倒的に。「嫌われても主張すべきは主張する」が男も女も６割、「物わかりのよい年寄りになるよう努力する」は男が約１割、女はゼロでした（図７参照）。

小島　さすが、全共闘世代ですね。

上野　もし同じアンケートを世代別にとった

ら、80代、70代、60代で差が出るでしょうか。

小島　出ますね。多分、高齢であればあるほど「物わかりがよい」と言われよう努力する人は増えそうな気がします。一方、これから高齢者になる団塊の世代は、嫌われても主張すべきは主張するっていう人たちなんだな、とは思いますね。

上野　私もそう思います。今の要介護高齢者たちの中心は80代以上ですよね。この人たちは我慢してきた世代です。

小島　とくに、女性はね。

上野　高齢になるほど女性が増えてきますが、この人たちは家族のために生きてきた女たち。施設への入居の動機がほとんど家族のためです。ある頭のしっかりした入居者にうかがいましたが、長男に土下座されて「ここは辛抱してくれ、母さん」とか言われて、「私さえ我慢すればば……」と。

小島　息子さんに、ですか。

上野　「私さえ我慢すれば家族中が丸く収まる」と思って施設に入ったと。涙なしには聞けない話も聞いてまいりました。だから、ずっと家族のために生きてきて、家族のために施設に入居するようなお年寄りたちがこれまでの世代の日本人だったのだけれど、これから先は変わっていくだろうと私も思っております。

小島　まぁ、百歳近いような方でも、きっぱりと、「家族がいても私は私」という方もいらっしゃいます。ただやっぱりパーセンテージとしては少ないと思いますね。

上野　個人差ももちろんあります。生き方も人それぞれ。都市と地方の差もあって、地方都市で介護施設の施設長をしていたことのある高口光子*さんに聞いたら、「年寄りの自己決定なんて言ったってここじゃ通用しない」と。「バアちゃん、どうしたいか？」と聞いたら、「おまえらが考えろ」と言われると。そういうバアちゃんたちを相手にしているんだと言っていました。

小島　なんというか、今まで自分の死に場所を自分で決めるという習慣、伝統のようなものはなかったんだと思いますね。

上野　なるほど。

小島　それがいま、こういう時代になって、自分の死に場所を自分で考えなきゃならなくなったという気がします。自分の身内を見ても、私の戸籍上の祖母は血がつながってない伯父の奥

＊高口光子（HP「高口光子の元気がでる介護研究所」より）：理学療法士・介護アドバイザー。特養ホームに介護職として勤務。介護部長、デイサービスセンター長、在宅部長を歴任。現場を守りながら若い運営スタッフやリーダー育成に取り組む一方で、講演、執筆活動、フェイスブック、テレビに出演など、現場からの等身大の発言・提案に取り組む。主な著書に、『介護施設で死ぬということ』（講談社）、『介護の毒はコドク（孤独）です（日総研出版）』などがある。

さんなんですけど、子どもがいなくて、うちの父親が兄弟養子で入って、お金もしっかり持っていたし、気持ちもしっかりしていましたが、自分の死に場所を自分で決めるなんてことは考えてませんでしたね。

上野　それは選択肢がなかっただけじゃなくて、もう答えが決まっていたから、ということですか。

小島　そうですね。最後はあんたたちに任せるわよ、ということになっていた。でもここへ来てそうはいかなくなってきた。

上野　それが変わってきたのは、高齢社会の中で、年寄りは家族の中で老いてゆくものと言われていた家族そのものがどんどん脆弱になってきたからでしょう。子が親を看るのが美風というんなら、子どもを5人も産んでから言えと、私は常々言ってきました。

小島　戦後のスタンダードは夫婦と子ども2人、すでに自分の親、夫の親と飛び回って介護している人は少なくありません。介護負担は軽くない。ただ、夫が一人っ子の友人が、「いろいろ言ってくる兄弟姉妹がいないのは悪くないかも」と言ってました。兄弟姉妹がいると、口は出すけど手は出さない、そのくせ財産分与は求めてくる。とても苦労して介護して、何にもしなかった兄弟姉妹たちが財産分与だけは求めるのを見ると、これ長子が相続する代わりに親の最期を看取るのが当たり前の戦前の民法のほうがよくないかしら、と思うことさえあります。

家族介護の美風なんてものはホントにあったのか疑問ですが。

上野　１人や２人産んだだけでそんなことを言えば、子どもが負担でおしつぶされます。家族がこれだけ脆く小さくなったのですから。

嫌われるデイサービス、入りたくない老人ホーム

上野　そこで、この世代の人たちはこれからどうするのか。唯々諾々と人の言うことは聞かないが、だからといってもはや強者ではなく、弱者になって介護を受ける側になる。そのときに何が起きるのか……。

最近、若年性認知症の人たちの研究会があって、そこに参加したときに、報告者の東京都多摩若年性認知症総合支援センターの来島みのりさんがとても面白い話をしてくださいました。同じ認知症者でも若年と高齢の認知症は違うと言うんです。

小島　はい、違いますよ。

上野　若年性認知症の方は、意欲もあるし、やりたいこともある。実際にその方たちが何を考えているか、とってもよく理解できました。一部紹介します。

「デイサービスに行きたくない」

「ショートステイにも行きたくない」
「暮らしを管理されたくない」
「老人ホームに入りたくない」
「子どもだましのレクリエーションやおためごかしの作業はやりたくない」
「他者に自分のことを決めてほしくない」

これからの高齢者は我々ですが、我々も同じように考えそうです。私自身も同感です。

小島 私の母にしても、姑にあたる人にしても、かなりの年齢になるまでデイサービスには抵抗を示しました。年齢的にも十分に年寄りなんだけれども、それでも行きたがらなかった。けれども衰えとともに、ある時期からデイサービスには割と積極的に行くようになりました。確かに上野さんもおっしゃるように、ある意味家族や周りに配慮したということもあるでしょうが、それと「行くところがない」とか「足がない」、気の合う友人は亡くなったか、会うのが難しいということもある。自分の衰えも後押ししたのかなと思います。若年性認知症の方々の発信はもっともですから、それにこたえられるシステムは必要です。一方、若年発症の場合は進行が早いタイプの認知症が多く、要介護状態が進行した段階での介護について考えられていないのが現場では悩みの種です。

上野 そこのところをもう少し教えてほしいんですが、デイサービスもショートステイも施設も、お年寄りが抵抗感を示すという話はよく聞きます。当然だと思いますし、私だって行きたくないと言うだろうと思います。

それが「いや、そんなに悪いもんでもないですよ。イヤイヤいらっしゃるうちに次第に積極的にいらっしゃるようになります」と話す事業者やヘルパーも多いです。それは、今おっしゃったように、あきらめや、適応や、他に選択肢がないということの結果なのか、ほんとうにそこが居心地の良い場所になったのか、どちらでしょう。

小島　それは、両方だと思います。

認知症のキーワードは「不安」

小島　見ていますと、それなりに居心地はいいんだろうとは思います。私のところのデイサービスの利用者さんはほぼ全員がそれなりに進んだ認知症ですから、他では受け入れられない人たちなわけです。たとえば地域の集まりなんかに行っても認知症が進んでいるから話が行き違ってしまう。それが、認知症専用の場所であれば、お仲間もいるし、対応する人たちもそのつもりでいるということで、穏やかな時間が流れる。家にいたって、家族に怒られたりして、穏やかな時間というわけではないですから。

上野　ひとりでいたら穏やかに過ごせますよ。

小島　ところがそうでもないんですよ。不安で、泣きながらヘルパーやデイサービスの迎えが来るのを待っていたりするんです。一方、家族がいれば24時間365日一緒にいることになる。そうすれば衝突もするし、虐待になってしまう場合もある。そこを回避する役割は重要です。デイサービスに来ている時間のほうが家族との時間より穏やかだというのはよくあることです。面白いエピソードがあります。デイサービスではとても楽しんでいられた女性が、家に帰ると夫に向かって「あなた私を追い出しておいてなにしていたの‼」と怒鳴りつける。「あんなところ、お茶一杯でない」と告げる。お茶一杯どころかおやつもしっかり召し上がり、食事は完食、仲良くなった利用者同士でおしゃべりを楽しみ、「またね」と送迎車に乗り込んだのです。ずっと観察していたスタッフは、夫への当てつけではないかと推理していましたが、そういう心理が働くと思われる人が一定の割合で存在します。「母が何にもしてくれない、と言っていますが……」と恐る恐る訊いてくる息子さんもいらっしゃいました。コメントは付けずに写真やレクリエーションで作られた作品を見てもらいます。家にいるときのほうが何もしない、何もさせてもらえないのです。

一人暮らしの場合、誰も来ない、話もしない。その上認知症であれば、あれもわからない、これも忘れた、という不安に駆られてパニックを起こす。デイサービスでの時間はサポートしてもらえるので落ち着いています。四六時中不安を訴えるようになると施設入所を考えますが。

上野　なるほど……。

小島　そこは上野さんと見解の違うところですけれども、私は認知症のキーワードの一つは「不安」だと思っているので、その不安を解消するために人の中に身をおき、手助けをしてくれる若い職員や、新たな気の合った仲間がいたりするという状況のもたらす効果は否定すべきではないと思っています。全肯定するということではないけれども。

上野　私も否定すべきではないと思っておりますが、消極的適応なのか、積極的適応なのか、どっちなんだろうなと。両方とおっしゃれば、そうかなあと……。

チーチーパッパなんかやりたくない

上野　認知症長谷川式スケール*をお作りになった認知症専門医、長谷川和夫さんは、デイサービスを拒否なさいましたね。医師の立場からは「認知症者にはデイサービスが効果的です」と言っておきながら、いざご自分が要介護認定を受けたら「こんなところに行けるか」とおっしゃったそうです(笑)。

小島　NHKスペシャルの『認知症の第一人者が認知症になった』のことですよね。輪投げなんかさせられていたわけでしょう。あれをさせるの、長谷川和夫先生に、と思いましたね。ただし、人格者でいらっしゃった長谷川先生は「こんなところに行けるか」とはおっしゃらなかったでしょう。「行かない」とだけでは……。私、認知症介護指導者資格を持っていますが、資格取得時の認知症介護研修研究センター所長は長谷川和夫先生でしたので、先生とお呼びしています。

上野　長谷川さんは、それも含めて認知症者にはデイサービスがよいとおっしゃっていたんじゃないですか？

小島　いや、私が受けた研修では、みんな一斉に輪投げでもしてもらおうなどということは教わっていませんね。長谷川先生がどう受け取られたかはわかりませんけれども、少なくとも私どもでは、あんなかたちで輪投げを半強制的に「みんな一緒に」みたいな感じではしない、ということをコンセプトにしてきましたけれど。

＊長谷川式認知症スケール：簡易的な認知機能テスト。大まかな認知機能障がいの有無を調べる。1974年に聖マリアンナ医科大学・神経精神科教授の長谷川和夫氏らによって開発された。認知症の診断に日本国内の多くの医療機関で使用されている。1991年に「改訂長谷川式簡易知能評価スケール（HDS-R）」に改訂。2004年に疾患名が「痴呆症」から「認知症」に変更され、「長谷川式認知症スケール（HDS-R）」と呼ばれる。

上野　後になってからは機嫌よくデイサービスにいらっしゃったとご家族は言っておられましたが、デイサービスとの相性もあるのでしょうか？

小島　加齢や認知症の進行が影響しますね。あそこのデイサービスは気の毒だったという感もありますが、もうちょっとやりようがあるでしょう、っていう気はしました。

上野　子どもだましのレクリエーションやおためごかしはやりたくない。

小島　そうそう。子どもだましに見える遊戯を嫌じゃない人もいらっしゃるし、演歌が好きかクラシックが好きかというような話になってくるので、何とも言えないんですけど。すべての人を、「せーの」って乗せようとするのがよくない。「来ている人たちみんなで輪投げをしましょう」っていうのはなしにしないと……。

上野　私もデイサービスに行ってチーチーパッパなんかやりたくないです。

元ゲバ学生と元〝金の卵〟は同居できるか？

上野　そもそも高齢者はそれまで生きてきた文化が一人ひとりすごく違います。私は山梨県の山の中にセカンドハウスがありますけど、その地域のデイサービスはジモティ（地元住民）と移住者とが混ざっていて、それが水と油なんだそうです。

小島　そうでしょうね。地元の人と移住者ですね、たいへんだなあ。

上野　そこで移住者は浮いちゃうんです。ジモティ同士が、「親戚の甥が誰と結婚して子どもが何人目で……」みたいな、親族縁者の噂話をやって一日を過ごしているところに移住者はまったく入っていけない。しかも移住者はたいてい高学歴です。団塊世代もそうですが、世代内の学歴間格差がすごく大きいですから。

小島　学歴差はありますね。それから、生活歴格差というのもあります。たとえて言えば、グループホームの中に奥様とお手伝いさんが同居してしまうわけですね。あれはちょっと辛いものがあるなと思って見ていました。要するに、かつてお手伝いさんを使う側だった方とお手伝いさんだった方が同じフロア内にいる。

上野　そういうシチュエーションもあるんですか。

小島　そういう現象が生まれるんです。ウィーン・フィルを聴きたい人と、演歌を聴きたい人が同じフロアに一緒にいるわけです。それは団塊の世代でも、同じ現象になると思いますよ。

大学へ行ってゲバ棒を振り回した人と、中卒で工場に働きに行った〝金の卵〟たちとは確実に違いますからね。全部が全部ということではないけれども、同じ民主的な教育を受けてきたとしても、そうした微妙な感じになるのではないかしら。ただ、まだ団塊世代が利用者としてドッと来ているわけではありませんから、あくまで推測ですけどね。

こんなこともありました。もう20年近く前になりますが、当時は利用者の多くは戦争経験者でした。一言で戦争体験と言ってもそれぞれ内容が違います。うれしそうに中学校でおぼえさせられた「軍人勅諭」を暗唱してみせた男性に、広島の原爆を体験した10歳ほど上の女性が「あなたは楽しそうに話されるけれど、私たちは思い出したくもない（戦争）体験をしているんです。やめてください」とキッパリ言われました。

上野　一時期、企業が定年退職者対策を心配した時期があって、その調査を委嘱されてやったことがあるんですが、その世代は学歴間格差がすごく大きいので、企業の定年退職者が地元の老人クラブに入っても、水と油なんですね。

地元の老人クラブというのは大体ジモティ中心で、自営の商工業者たちがガッツリ張り付いて、学校ネットワークを基にして作り上げている地元コミュニティなんですね。地域に足場のない企業の定年退職者たちはそこに入っていけないんですよ。１９９０年代以降、自治体がその人たち向けに作ったのがシルバーカレッジとか高齢者大学なんです。共通点はカレッジとか大学という名前がつくことです。高学歴者は学校が好きなんだなと（笑）。

団塊男のリタイアで地域活動の「会社化」が始まった

小島　(笑) ただ、私の事業所のある埼玉県新座市はいわゆるベッドタウンで、昔から地域に住み着いていた人たちは全人口の1割足らずです。1960年代には1万数千人だった都市が今は16万人ほどになっているわけですから、圧倒的に外部から来た人たちが歳をとっているわけです。それこそ1970年代頃から、この地に家を求めて来た人たちが高齢化して、町内会もそういう方たちが仕切るようになっているわけです。そうすると今度は、なんていうか、町内会の会社化が始まるんです。皆さんほとんどが元会社員ですから。

上野　なるほど (笑)。

小島　「何とか部長!」とか呼びあっちゃって、私「なにやってるのこの人たち」とびっくりしたのですけれども、まぁそれも、その人たちが超高齢化して、徐々に終わりつつあるような感じがあります。さて次世代はどうなるでしょうか。

上野　前期高齢者のうちは皆さん元気ですからね。しかも、2013年に「高齢者雇用安定法」が成立して、希望があれば65歳まで再雇用が義務化されました。65歳をすぎても退職後元気な期間がけっこう長い。1997年にNPO法が成立してから、NPOに退職男性たちが参入していくようになりました。

ＮＰＯの組織は理事会があって、いわゆる官僚制機構と同じ縦型のストラクチャーです。ＮＰＯができてから、オジサンたちが俄然元気になったって言われました。（笑）「オレの出番だ」って。

小島　はい、そういう人たちもいますね。

上野　介護保険法とあいまって、ＮＰＯが雨後の筍のように増えました。初期の頃はＮＰＯのトップはほとんどが男性でした。女が支えて男がトップという、いわばＰＴＡ型でしたよね。だから会社化するというのはとてもよくわかる。

その時代も終わりを迎えているというのは、その人たちも後期高齢者になりつつあるからなんでしょうね。地域のＮＰＯも高齢化して、世代交替を迫られています。

ヘルパーを傷つける「こんなことは娘や嫁にはさせられない」

上野　ところで小島さん、先ほど私が申し上げたような「物言う高齢者」が増えてくると、介護事業者としてはやりやすいですか、それともやりにくいですか。

小島　物を言ってくれるのは全然構わないんだけれども、それが、当を得ているというか、言われて「もっともです」という話であればいい。けれども、いわゆる屁理屈の部類の人たちが増えてくるとイヤだなというのはありますね。

上野　横暴だったり、不条理だったり、パワハラ系の要介護者が出てくるかもしれないですね。

小島　その可能性は結構心配しています。たとえば、ヘルパーは自分がしたいとかしたくないとかに関係なく、決められた介護計画、ケアプランに従わざるを得ないわけです。事業所もそれに従わないとコンプライアンスの問題になってくるので、要望を聞いてあげたくても聞いてあげられない場合もあったりする。ケアプランそのものはご本人から承諾を得ていることになっている仕組みです。そこがちゃんと素直にわかっていただけるかどうか。現にすごくつまらない縛りがあって、くだらないなとは思って抵抗もしているんですけれども、なかなか抵抗し切れない。だから、個々のヘルパーに文句を言われてもしようがないのに、それでも無理を要求されるみたいなことにならないといいなと。

上野　実際そういうことで困った実例がおありですか？

小島　いくらでもあります。ヘルパーに向かって「あなた以外のヘルパーさんはこんなこと、あんなことしてくれるのに」と分断をはかる。「私がしっかり教育してあげる」と、いったいどうしちゃったんだろうっていうくらいものすごいパワハラのお婆さんとか。もちろんセクハラもあります。訪問時間だと分かっていてアダルトビデオをみている、なんともいやらしい目つきで若いヘルパーを見る。困ります。性別役割分担意識が沁みついていて男性ヘルパーに「男のする仕事じゃない」とケアをさせない男性もいらっしゃいました。「同性介護の原則」なんてまったく関係なし。

上野　たしかに「世代要因」と「階層要因」とがありますね。私はヘルパーさんがすごく傷ついたというセリフを聞かされたことがあります。ある経済階層の高いお宅の利用者さんが、お下のお世話をされながら、「こんなことは娘や嫁にはさせられないわね」と言ったと。酷い話ですよね。

小島　たとえば、台所にエアコンがなくて、向こうの部屋から入ってくるエアコンの冷気が頼りなのに、部屋の戸をバッチリ閉めちゃう。お掃除の後、入念にチェックして難癖をつける「姑ですか」と言いたくなる人、ケアプラン外の要求なんて年中です。サービス利用料はおおむね1割負担で、1時間数百円です。あなたが全額支払うお宅専用の家政婦さんではありません、と言いたい。上野さんずっと以前に「ホームヘルパーは社会の嫁か」とおっしゃっていませんでした？

上野　その通り。樋口恵子おネエさまは「よい嫁は福祉の敵」とおっしゃいましたね。

団塊の世代は高等教育の大衆化が上げ潮になっていった世代で、世代ごとまとめて親の世代よりも高学歴になっていきました。それは別に頭が良かったせいではなくて、単に時代の波に乗っかっただけだったと私は見ているのですが、それでも同年齢人口の約15パーセントしか大学に進学していませんから、その格差は大きいです。進学率が2割に達すると高等教育の大衆化が始まると言われますから、ちょうどその転換期ですね。

それだけでなく、その後の雇用者比率がめちゃめちゃ高いんです。それまで日本社会では、自営業とその家族従業者が多くて、要は農家なんですが、彼らは国民年金受給者です。「世代要因」で言うと、最近言われるようになったのですが、今の90代後半以上のおじいちゃんたちは兵役経験者ですね。

小島　そうですね、はい。

上野　そのなかに、認知症になって苛烈な暴力をヘルパーに対して振るう事例が報告されています。そうした極端な暴力は最近は減ってきたとは聞いていますが、軍隊で自分自身がそういう理不尽な暴力を振るわれて、おそらく家族に対しても同じように暴力をふるってきたんだと思います。DV支援の現場の専門職が言っていましたけれども、かつての家庭内暴力の苛烈さは今のDVと違うと。髪の毛を持って引きずり回すみたいな想像を絶する暴力が家庭の中で隠されていた。それが戦争体験者の世代だと言われています。

小島　それは、あるかもしれないですね。結び付けて考えたことはありませんでしたが。男性は歳をとっても腕力があるので、すさまじい暴力とは言えない、危険を制止するくらいの時でも振り払われると女性では対応が難しい。

戦争経験者で思い出しましたが、老老世帯で在宅看取りを選び、妻がいよいよとなった時落ち着いて対応された方は兵役経験者でした。人の死をたくさん経験している、人が死ぬことを知っている世代でした。

上野　私たちが考える要因は、時代と世代と年齢の3つですが、団塊世代が要介護者になったときの世代的な要因がどんなふうに現われるのか。要求や注文の多い高齢者になっていくかどうか……。

小島　なんとなく、そういう気はしますね。これは感覚ですからね。当たらないといいんだけど。先ほどの妻の死に対して落ち着いていた戦争体験者とは逆に、老衰で死が近い母親を在宅で看取ると病院から自宅に引き取った60そこその息子は、下顎呼吸が始まって死が近くなった時、若いヘルパーと短大生の娘（利用者さんの孫ですね）をおいてドライブに出かけてしまった。亡くなっても連絡がつかず数時間後に帰宅しました。頭で「在宅看取りが良い」と思っても、人の死に立ち会った経験がない、病院死があたりまえの世代なのでイザとなると逃げだす。

自己主張する高齢者はけっこう愛されている？

上野　私たちは、介護現場では「高齢者の自己決定を」と言ってきたわけですね。高齢者の「意思決定支援」は今でも大事です。なぜなら、それまでは物言わぬ高齢者、家族に代弁してもらう高齢者を相手にしてきたからです。

小島さんの話ですと、理不尽な要求でなくて、ちゃんと筋の通った言い分であれば、「物言う高齢者」のほうがやりやすいと。それは、ほんとうに現場の実感なのでしょうか？

小島　それが筋の通った要求で現場が納得していれば、私の耳には入ってこない。そこで解決してしまうわけですから。私の耳に入ってくるのは、やっぱり筋が通らない、ちょっと横紙を破るような話だということですね。

上野　なるほど。もう少し切実な当事者の要求だったらどうですか。たとえば、「家にいたい」とか、「施設に入りたくない」というような。

小島　それこそ今までだって自己主張をしないと家にはいられなかったのですよ。ご存じの通り、実際一人暮らしで在宅看取りを実現させるのは「私はここで最期まで」と主張される方が多いのです。

それでも、いろんな状況が起きてくると周りは心配だから、「老健（介護老人保健施設）というのもあるよ」とか、「一時期入院しなければだめ、入院すればいいじゃない」と言うのだけど、それでも「何が何でも家にいる」という人たちがいて、正直に言うと、それで初めて自宅での看取りができているんです。

それはやっぱりご本人の意志の強さ、覚悟があってのことで、今までもたくさん見てきました。全員がそうだと言っても過言ではありません。こういう状況で自宅での看取りがあるというのが現実です。

正当な自己主張する高齢者、自分の生き方を貫く高齢者は、ああ困ったなと言われながら、結構愛されていますね、私の知る限りでは。

上野　愛されるってどういうことですか？

小島　愛されているというか、やっぱり尊重される、尊敬されるということですよ。ちゃんと自分の意志を持って最期を迎えようとしている。

上野　リスペクトされる。

小島　そうです。亡くなられた後にそれとなく担当したヘルパーに聞くと、「あの人はとても筋の通った人でした。芯のある人でした」という言われ方はされますね。

上野　なるほどね。

要介護度が重度で、何もかも他人様にやってもらわなきゃいけないような状態でも、筋の通った生き方をするお年寄りはちゃんと介護する人たちからリスペクトされる。それはよくわかりますし、そう聞くとうれしいですね。

小島　筋の通ったことを言う人の中には、介護制度が今おかしくなっていることをわかってくださっていて、私たちに協力してくださった方もいらっしゃる。

介護保険の史上最悪の改定問題については、この後テーマになりますが、以前介護保険の改悪に反対する国会集会のとき、当事者として出てくれないかとお願いして、院内集会で発言してくれた方がいらっしゃいました。進行性の難病で病状は進んでいるのに、介護度が下がったという件で堂々と発言されました。この方は最近自宅で亡くなられました。ずっと独居を通されていた方です。

上野　私は介護職じゃないので直感ですが、「バアちゃん、どうしてほしい？」という問いにはっきり意向を示す利用者のほうがやりやすいんじゃないか、っていう気もするんですが。コーヒーと紅茶どっちがいいですか、どっちでもいいと言われるよりも、紅茶がいいと言われるほうがやりやすいと。

小島　それは多分、受け取る側、ヘルパー、あるいは介護職の性格にもよるから何とも言えないかもしれないですね。ヘルパーの中には阿吽の呼吸で行きたい人もいるだろうし。

はっきりおっしゃる方も、そんなに少なくないですね。ぐじゅぐじゅ言いながらちゃんと意志を通しますよ。回りもった言い方をする人もいれば、ストレートな人もいる。でもみんな自分がしたいことは割と通しますね。それは上野さん風にズバリと行くか、ぐるっと回って、気がついてみたら通してるというタイプか、いろいろです。人間さまざまですから。

そうですね、要介護になって、思うようにならなかったら、ある程度自分の思うようにこうして欲しいというのは。だって不快ですからね。中には、そうじゃない人もいて、それを察知できないこちら側が悪い、というような方もいなくはない。

上野　ずっと我慢してきたお年寄りたちもいますね。ジェンダーと世代要因で言うとさっきの「会社化」という言葉が関連してきます。団塊世代の特徴の一つは雇用者比率が高いこと。それが厚生年金に繋がっていて、充分とは言えないが一定程度の年金が出ている。それが上の世代とはだいぶ違うところです。

会社の中で団塊世代はポストなき世代と言われましたが、それでも退職するまでにはそれなりのポストに到達していきます。退職金もそこそこもらっている。会社的なふるまいが身にしみついているために、家族やヘルパーにも会社的な指示命令を向ける人たちも出てくるんじゃないかなと。

小島　なるほど。多いでしょうね。「会社化」といえば、男性介護者は、介護を仕事と同じくマニュアル作って日程表作って、食事量や血圧のグラフ書いて、という方が多いと言われます。そのメンタリティで自分自身が要介護になったら会社での指示と同じようになるかな。

上野　聞いた話ですけど、妻が夫に何か言うと、「結論から先に言え」と言うんですって。「ここは会社じゃないんだ」って返したくなるじゃないですか。そういう世代要因に加えてジェンダー要因があるかなあと。

小島　ともかく、まだ、そういう方たちが多数派として介護サービス利用者になっていない今は何とも言えません。そうねえ、何とも言い難いですね。

婚姻率が高い団塊の世代

上野　まだ現実にならないから、予測の段階ですね。この世代の特徴の一つは、上の世代よりも下の世代よりも、婚姻率が高いんです。

小島　上の世代よりも高い。そうですか。

上野　戦争で男性がごっそり死んで、独身女性がたくさん生まれました。それに戦前には、階層格差があって結婚できる人とできない人がいました。累積婚姻率がピークに達したのが1960年代で、今80代・90代の婚姻率が一番高いんですが、団塊世代はその次ぐらいに高いです。私の世代の生涯非婚率は低くて、女は5パーセントぐらいです。だから、私のようなおひとりさまは超レア物です。それから下の世代の生涯非婚率は男女共に上昇しています。

小島　そうですね。2021年の国税調査では、単独世帯が全体の38パーセントです。

上野　団塊世代は、配偶者もいるし子どももいる。せいぜい二人までですけどね。

小島　そうですね。

上野　「子どもは二人まで」の少子化世代ですから、子どもの負担がものすごく重い。親の方もけっこう子どもに対する依存度が高い。子どもが何とかしてくれるだろうくらいに思っています。

小島　そう、そう。でも、それはけっこう延々と引き継がれています。若い層でもそう考える人たちは出ていますね。

上野　けっこう若いって、いくつぐらいですか？

小島　50代ぐらい。

上野　50代って、自分たちの子どもがようやく大人になったぐらいの年齢ですね。

団塊世代が50代だったころのデータで、「将来誰と暮らしたいですか」という問いに対する答えが「息子」というのが多数だったので驚きました。

小島　ええーっ！　まっぴら御免だけどなぁ(笑)。

上野　今はもう、彼ら、彼女たちはそうは思っていないと思います。まず息子が結婚しない。しても嫁側に取られる。自分自身が嫁をやってきていませんからね。それに姑の側も嫁とは一緒に暮らしたくない、と思っているはずですよ。

小島　当人は婚姻率が高くて子どももいるけれども、その子どもたちは非婚で今度は不安定な雇用にさらされている。またこれも大きな、今までの高齢者とは違った問題を抱えているんですね。あらゆる意味で、人類史最初の経験に踏み入ると言ったら大げさかな。

上野　その通りですね。それについては後で話しましょう。

第2章

「主張する団塊老人」に明日はあるか

「野垂れ死に」はオジサンたちの妄想

上野　介護問題の最重要テーマは看取り、すなわち「人生のしまい方」です。さまざまな調査から浮かび上がるデータを見ますと、「最期まで自宅で」を希望する人は5割。残りのうち3割は「最期まで自宅」が希望だが、「家族に迷惑をかけたくない」から、「最期は施設か病院に行くしかないだろう」と諦めている人たちです。本書で議論の叩き台にしている「全共闘アンケート」でもやはり5割です（図8参照）。いっぽう「わからない」「その他」と「無回答」の合計が25パーセントあり、今は決められない、どうなるかわからないという人たちでしょう。一般の調査の数字とほぼ一致します。

不思議なのは、ふつう「最期を迎える」希望の行先として特養などの施設とサ高住（サービス付き高齢者住宅）が想定されるはずですが、400人超の回答者のうち施設は男性3・9パーセント、女性4・3パーセント、サ高住は男性4・8パーセント、女性6・5パーセントと少ない。

施設は嫌っていうのはわかるんですけど、それにしても、サ高住が意外と少ない。「病院などの医療機関」が男性16・9パーセント、女性19・6パーセントと多い。ということは、ギリ

図8　最期はどこで迎えたいか

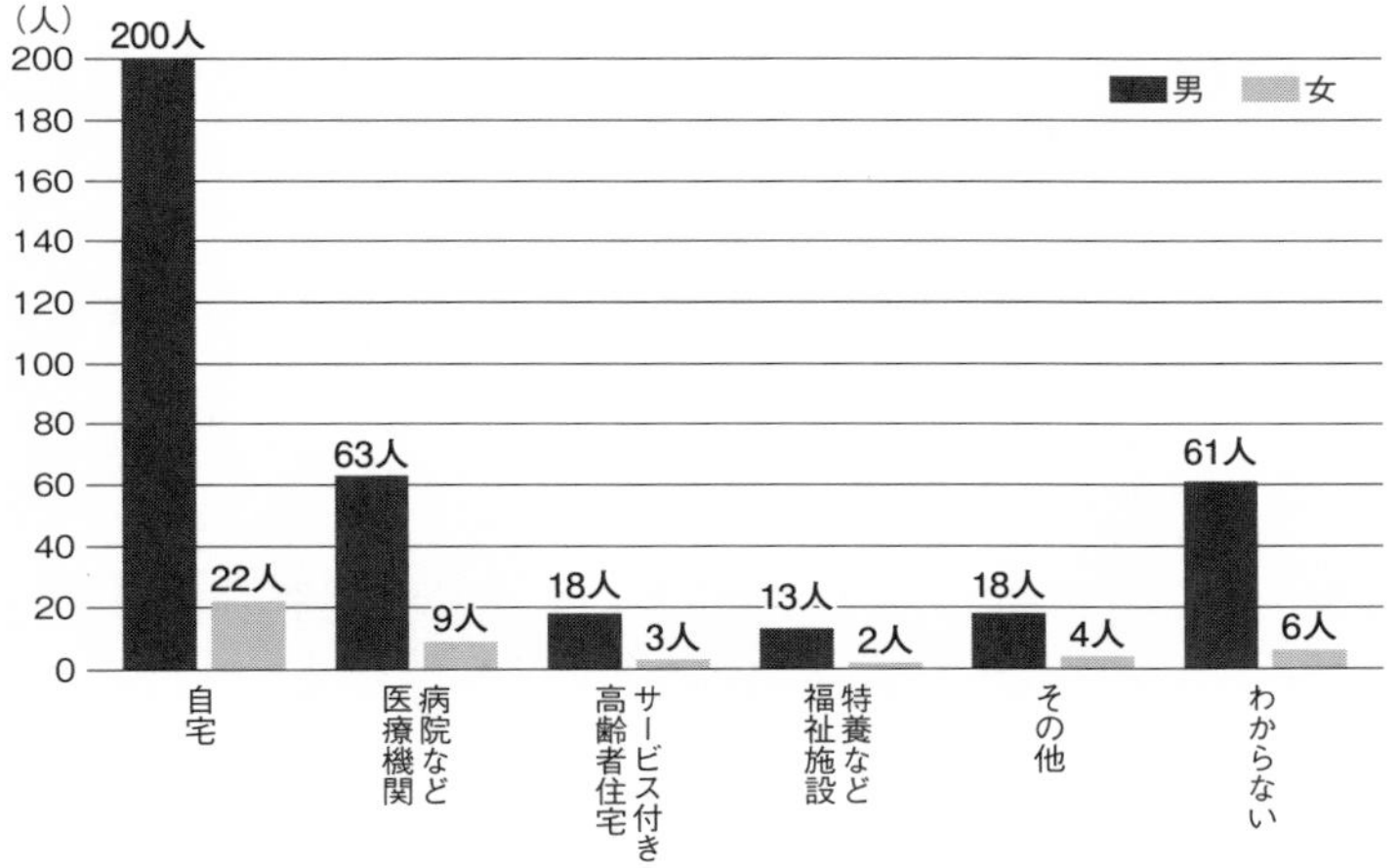

出所：『続・全共闘白書』（情況出版、2019）より

ギリまで家にいるが、最後は病院に担ぎ込まれて死ぬ、というイメージなのかもしれません。

小島　そうですね。「最期を迎える」病気は癌だとか心疾患だとか、予後が見通せる病気で考えがちです。今は癌にしても治療できない状態になれば家に帰るか、緩和ケア病棟＝ホスピスかの選択を迫られるのですが。最近、末期癌の親御さんを看取った方が、病院から「有効な治療がなくなったので退院を」と迫られ、「こんな状態で追い出されるんですね」と驚いていらっしゃいました。たぶん治療がなくなったら退院、もしくは緩和ケア病棟＝ホスピスですとは聞かされていたと思うのですが、「まさか、ほんとだとは」という感じでした。

上野　実際に親をどこで看取ったかというとほとんどが病院です。ですから、この人たちの頭の中には「死に場所は病院で」という刷り込みがまだあると思います。「最期まで自宅で」については、男性の53・6パーセント、女性の47・8パーセントとわずかに男女差がありますが、男が最後まで自宅でと思っているのは、「配偶者が看取ってくれる」と思っているからでしょう。他方、女は、「最期まで自宅で、は無理だろう」と考えているようです。男女の違いがやや出ていますが、統計的に有意差があるほどではありません。

それにしても、施設希望がこんなに少ないのはどうなんでしょう。たとえばここに、有料老人ホームという選択肢を入れたら、どうなっていたかしら。

小島　サ高住と有料の違いなんてわかっていないでしょうね、皆さん。

上野　わかってないと思いますね。他にも、この「最期はどこで迎えたいか」のアンケート回答には謎があります。「その他」の回答が他の設問に比べて多い。何だろうと思って想像したのは、元全共闘のオジサンたちの回答の中に、もしや「野垂れ死に」とか、妄想がありやしないか。そこで主催者に確認をしてみたところ、私の推測は当たっていました。

「その他」の回答の男性18人のうち「野垂れ死に」が3人、「行き倒れ」「海の中」「山小屋」がそれぞれ1名で、残りも「なりゆき」「なるようにしかならない」「どうでもいい」といったものだそうです。

小島 先ほども申し上げましたが、死に対するリアリティがない。生まれてこの方、病院で医療機器に囲まれ、医師や看護師のいる中での死しか見たことがない。自分自身が介護した経験はない、経験を奪われてきたと言ってもいいでしょう。家で亡くなるのが当たり前の時代は、こうなったらあと何日、というような基本的な知識を共有していたはずです。そうした経験や知識を失ってきた末に超高齢多死社会が到来しました。「母親は在宅で看取ります」と言ったもののいざとなったら逃げだしてしまった男性ではないけど、理想というか社会的に求められる答えを当てはめても現実はまるで知らないから、ちぐはぐになる。実体験が必要とはいえ、他人様の亡くなり際にお邪魔してというわけにはいかないし、どうしたものでしょうか。

上野 「野垂れ死に」という回答は、いかにもです。「男のロマン」という名の、この世代のオジサンたちの妄想ですよ。石垣島に行ったときに、高齢の単身男性が移住してくると聞きました。

小島 困るなぁ。

上野 でしょう? その人たちは近隣とも交わらず、地域社会にも溶け込まず、だけど要介護になったら医療保険と介護保険は使うんです。ケアマネがついて、情の厚い人たちですから、最期まで面倒を見るそうです。それで、死んでも家族に連絡をしてくれるなと言う。家族がいても「連絡をしても遺骨を取りに来ない」とか、連絡をすると「遺骨を宅配便で送ってくれ」

と要求されるとか。
そういう人たちが例外ではないほどに増えてきて、それで振り回されていると現地の訪問看護師からお聞きしました。

小島 それは団塊よりもうちょっと上の世代ですよね。

上野 そうです。そういうオジサンは、これからますます増えそうですよね。

小島 いやあ、それはほんとに困るなぁ、介護事業者としては。そんな団塊オジサンに介護保険サービスではできないことを要求されるのは。

しばらく前に実際あったことですが、最後はホスピスと決めていらして、いよいよ明日となった前日に担当のヘルパーが行ったら下顎呼吸が始まっている、とまず事務所に連絡してきました。一番近い親族が甥御さんで2時間ほどかかるところに住んでいる。訪問看護や訪問診療は「今はすることがない」と来ない。そのままにはできないので、訪問介護の責任者とケアマネ（これも当法人の職員でした）が駆けつけ、看取りました。親族に連絡するとは明朝しか来られないと言われる。まだ暑い時期で、一晩ご遺体をそのまま置いておくわけにいかないので、ケアマネが葬儀社に連絡して斎場の霊安室に引き取っていただきました。「在宅で亡くなる予定じゃなかったので、ここまで準備していなかった」と反省してましたが、これ、ケアマネの仕事ですか？　報酬はもちろんどこからも出ません。看護師は「エンゼルケア」で価格が決まっていますけれど。

団塊ジュニアから始まる「親ガチャ」

上野　話を本筋に戻しましょう。先にも紹介しましたが、「全共闘アンケート」によると、介護保険の利用者が、男性400人中3パーセント、女性46人中2・2パーセントと少ない。（31ページの図6参照）これについて小島さんはどう思われますか？

小島　団塊世代は婚姻率が高いし、その妻たちはせいぜいパートぐらいですよね。だから、さっきのアンケートにもあるように、介護となったら男性たちはまず妻を考えるんじゃないかな。案外、妻への依存が高い。それができないとなったときに、施設に来るという確率が高いかなと思います。

介護を社会的な資源として考えたときに、それはどんどん減っていくので、家族介護ができていればその分保険を使わないという考え方もできますね。それは正当な考え方ではないけれども、でも妻に依存にしてくれている間は介護サービスは使わないということになれば、その分、介護保険財政を倹約できるということになる。

上野　婚姻率が高いだけじゃなくて、婚姻の安定性が高くて、決して夫婦仲が良いといえないのに、熟年離婚は思ったほど増えませんでした。これから先も増えないでしょう。なぜって各種制度がよってたかって妻の座権を保護しているからです。遺族年金は4分の3、遺産は妻に2分の1、それに居住権を保証するなど、妻の権利を手厚くしてきたので、熟年離婚が損だということはみなさんよくわかっていらっしゃる。

それにこの世代は人口に偏りがあったので、夫妻の年齢差が少ないですね。ということは、同時に要介護になる老老介護の可能性もあります。そうなると配偶者がいる間は介護保険を使わない、ということにはならない。介護保険を使ったうえで、それに加えて家族介護に頼る。親の介護の経験者は介護保険を使った経験があるので、自分のときにも介護保険を使うのはデフォルトになっているでしょう。

それは介護保険以前との大きな違いです。問題は、そのときになったら、その介護保険がほんとうに使えるか、どうかです。

小島　介護保険が機能するかということですね。

上野　はい。配偶者とは同居しても、子どもとの世帯分離は当たり前になった。息子と同居をしたいと思っても、息子の妻が同意してくれない。私たちの世代は嫁の役割をやらなくなった過渡期の世代です。自分たち自身が嫁の役割をやっていないから、次の世代の嫁も嫁役割をやってくれるとは期待していない。そこは女たちもだいぶ変わったと思います。

小島　介護保険が始まったころ団塊の世代は子どもとして介護保険利用状況を見てきているわけで、当時は今より使い勝手が良かった。今は利用抑制が進んで同じようにはいかないのですが、当時の制度を知っている人は、自己主張をしますね。良い自己主張もありますが、深読みして、こういう風に使えるはずだとせまり、サービス事業者を困らせるという事例も見てきました。

たとえば、小規模多機能施設だったら何でもやってくれると思い込む。片道1時間半かかる病院への通院を依頼してきたり、一日に6、7回も訪問を求めてきたりするケースがありました。「これは分かち合いをしないと成立しないサービスです、そうはいかないんです」と説明しても、なかなか納得してもらえない。そうした人たちが要介護当事者になったときにどう出てくるのか。生半可に勉強して制度を使いきろうとしてもうまくいかないということが起きるような気がします。

上野　それでも介護保険ユーザーとしての経験者ではあるわけですね。権利意識が強い。私は、団塊の世代といっても高学歴者しか知らないのですが、高等教育の大衆化の波が進みましたから、高学歴者の子どもは、のきなみ高学歴になりました。世帯分離が当たり前になって子どもと別居しているだけでなく、しかも他府県だけでなく海外など遠距離です。同時に、親の階層間格差が子どもの世代に再生産されていくサイクルに入ってきています。団塊ジュニアあたりから、「親ガチャ」は始まっていますね。

小島　ええ、始まってます。

上野　ですから、子どもに期待できないだけでなく、子どもに依存する場合も、直系主義、つまり嫁は介護の主役から降りて、実の息子・娘に期待するという傾向があります。

小島　あります。一人っ子同士が夫婦で、それぞれの親を担当すると決めて何とか乗り切った話はあります。夫婦の年齢が近ければ当然親の年齢も近く、双方の親が同じ時期に介護が必要になる。話し合って自分の親の介護は自分がするということにして乗り切ったと言います。嫁だから舅姑の介護をするなんて言ってられない。

上野　介護休暇を取る資格を直系親族に限定しようという意見もありました。それに経済力がすごく大きく関係するので、厚生年金をもらっていても、夫婦二人が同時に要介護になってしまったら大変。２人が別々の施設に入るのは、経済的に不可能ですしね。

小島　そうですね。成り立たない。最近超高齢夫婦を二人いっぺんに見てくれるリーズナブルな施設はないか、と聞かれることがよくあります。これは難題。それなりのたくわえが必要です。有料老人ホームで考えれば、要介護3以上なら一人少なくとも20万円以上はかかります。

上野　夫婦の一方だけが要介護になって施設に入居しても残されたほうが健康で在宅していれば、何とかもちますけれども、夫婦二人が要介護になればもう支え切れないのが今の年金のキヤパですね。子どものほうは親への仕送りなんかはビタ一文しないでしょうし。

小島　仕送りを望む親もあまりいないでしょう。

上野　いなくなりました。でも、団塊世代はまだ親に仕送りをしていた世代なんですよ。年金制度が充実したおかげで、仕送りをせずに済むようになったのですが、それでも国民年金だけしかないような人たちが少なからずいます。今の高齢者の貧困の理由はそれですね。収入源が100パーセント年金だけという高齢者世帯がこれだけ増えるとは、政府は想像していなかったでしょう。

小島　そうですね。国民年金の前提にはおそらく、農業とかの第一次産業従事者で、それなりに食べるものぐらいは確保できるだろうみたいな想定もあったでしょうから。

上野　年金は年寄りの小遣いぐらいでいいと。それだけで暮らすお年寄りが出てくるとは想像もしてなかったんだと思います。

小島　基礎年金しか収入がない、さりとて蓄えもほとんどない、そのような困窮世帯が現実に出てきているわけです。

上野　国民年金受給者の暮らしは、生活保護以下の生活水準ですね。

小島　それは厳しいものです。介護業者は利用者が生活保護受給だと安心します、正直言って。

上野　おっしゃる通りです。生保受給に抵抗感は強いですか？

小島　うーん。人によるんじゃないですか。

上野　世代的な要因から言うと、どうでしょう。権利意識が強くなったら生保受給率は高まりますか？　それともそれまで中流意識を持っていた人たちですから、生保スティグマが強いでしょうか。

小島　それはわからないですね。介護保険利用開始と同時に生活保護受給の手続きをするようなケースもなくはないけれど、そうなれば、それはラッキーかもしれない。

同時に生保受給まで一緒に考えてもらえるようだったらいいんだけれども、そこに至らずに介護保険の利用も考えないような人たちが出ている。要するにお金がないから介護保険のサービスは申し込まないという、セルフネグレクトに近いタイプがもう出てきていますね、確実に。

上野　それは福祉スティグマからくる抵抗感というより、そもそもセルフネグレクトで何も考えられない無気力のほうですか？

小島　両方でしょうね、お上の世話になんかなれないというか、自分は対象にならないと思っている人たちも一定程度いる。頭からそんなことはムリと思っている人たちもいるように思います。介護保険が始まって10年ほど経った頃、介護電話相談で、「私も介護保険に入りたい」と言ってきた方がいて、「大丈夫、もう入っています」と説明しました。

それを掬い取って、何とかしてくれるような親切な人たちが周りにいてくれればいいんだけれども。

上野　介護保険と同時に生活保護に繋がれればラッキーっていうのはほんとうにその通りです。

「健康寿命の延伸」は虚構

小島　制度もさることながら、私が一番気になっているのは、高齢期、とくに超々高齢期に対するイメージが、上野さん流に言うと、妄想だと思っていて、リアリティがないことがこれから悲劇を生んでいくんじゃないかと思っているので、そのあたりの話をしませんか。

上野　はい、そこをぜひ。

小島　最近、「健康寿命の延伸」がしきりと言われるようになりました。確かに健康寿命は若干増えてきていて、健康寿命と寿命との差が少しは縮まってきたんですね。それでも、女性で12年近く、男性は8年ぐらいが健康ではない期間になるわけですね。それだけの長い非健康の期間があることを、みんな理解していない。最期はおおむね、ガン死のようにポックリ逝くと考えているけど、高齢者の死因はガンや心臓疾患以外の、認知症や老衰が大きな問題になってきているにも拘らず、そのことに目が向けられていない。それは、要するに、「健康寿命の延伸」なんていうことを能天気に振りまいている政策の問題だと考えています。

もうちょっと「不健康な年齢の期間」というのをみんなリアルに考えなければ、現実的な課題も整理できないと思っているんですね。そこを、どうやったら共有できるのか。

上野　まったくおっしゃる通りです。「健康寿命の延伸」って虚構ですよ。

小島　意味がないでしょう?

上野　健康寿命が延びたら寿命も延びるんじゃないですか。終わりが決まっているわけじゃないんで、健康寿命が延びたからといって、要介護期間が短くなるわけじゃない。

これだけ長期化した高齢期というのは、日本だけではなくて、人類初体験、動物としての寿命が尽きるまで生きられる。人類の寿命の限界は110歳とか150歳とか言われています。私たちが見たことも聞いたこともない経験をしている真っ最中で、今の高齢者は、高齢期に対する準備のない人たちです。

小島　そう、モデルがない。

上野　準備がないままそこに入って、死ぬに死ねない老後を経験しているお年寄りを団塊世代は今見ているわけです。

小島　そう、もっと目を向けろということですよね。

上野　そうした老後を見て、だとしたら自分も、と思えばいいんだけど、能天気に「ピンピンコロリ」とか「突然死がいい」とか「野垂れ死に」とか言う。

それには2つの要因があって、一つは現実逃避からくる思考停止ですね。もう一つは、いわゆる高度成長期からのし上がってきた団塊世代のエイジズム*です。生産性に対する信仰というか、役に立たなくなった人間に対する差別感というか、それが牢固として抜きがたい。小島さんにお聞きしたいのですが、たとえば脳梗塞で障がいが固定したら、障がい者手帳を申請できますね。それを勧めても、本人と家族が拒否するとお聞きしますが、いかがでしょう？

小島　そうですね。手帳を持つことでメリットがあると理解するまで丁寧な説明が必要でしょう。認知症は精神科の領域ですが、「もの忘れ外来」なんていう柔らかな名称に変えたのは「精神科」に抵抗があるからではないかしら。若年性認知症がある夫さんについて発言されていた方が、「なんで認知症は精神科なのか」と言われて驚きました。うちの人は精神疾患じゃないと。

上野　その人たちが拒否する理由が、「あの人たちと一緒にされたくない」ということ。障がい者の方たちとお付き合いをしてみて、障がい者と高齢者の間の壁が高いということがよくわかりました。

＊エイジズム（ageism、agism）：年齢に対する偏見や固定観念と、それに基づく年齢差別のこと。アメリカでは高齢者に対する差別・偏見をさす場合が多いが、日本では高齢者のみではなく、若者や女性に対する扱いも年齢・年次により差別・軽視される傾向がある。組織における年功序列制度もその一つ。

駅のエレベーターは障がい者が命懸けで勝ち取った成果

小島　そう、この壁がもうちょっと低くなってくると世の中はずいぶん良くなるだろうと思うので、私は高齢者向けの講座なんかに呼ばれたときに、「駅のエレベーターは誰が作ったと思いますか？」と聞くんです。

私はエレベーターの設置運動のときに、車椅子の友人に付き添って駅まで行きました。彼らがほんとうに体を張って駅のエレベーターが設置されたんです。今の高齢者はそのことを知らない。介護保険も自立支援も、障がい者自らが勝ち取ってきたものの上に成り立っているじゃないですか。この本でも、ここはとくに強調してほしいのですが、彼らがどれほどの思いをして築き上げてきたところに私たちの暮らしが乗っかっているかということに気がついてほしい。

上野　文字通り命懸けですよね。

小島　ほんとうに命懸けでした。自らの体を投げ出して、交通権を獲得していった人たちがいて、今、駅のエレベーターやワンステップバスが実現したんです。その人たちのおかげで、私たちが高齢者になった今バスに乗りやすくなったのです。団塊世代の人たちには、自分たちは何ごともなく働いてきたかもしれないけど、これからあの人たちがつくったもののおかげをこうむって生活していくんだということをぜひ自覚してほしい。

上野　その通りです。私は今「アンチ・アンチエイジング」を唱えておりますが、自分たちが若かったときに年寄りを差別し、障がい者を差別したツケがいま自分自身に回ってきているわけです。

とりわけ男にそれが強いようです。その点では私は女でよかったと思っています。というか、弱者になることへのハードルが低い。そのハードルを自分で勝手に高くしてきたオジサンたちを見ると、時々「自業自得よ」と言いたくなります。

小島　はい、はい（笑）。

上野　哀れは哀れですが。

小島　ほっとくわけにいかないのでね（笑）。私は、障がい者との関わりから介護に入っていったので。障がい分野のサービスも持っています。

上野　なるほど。介護事業者の人たちを見ていると、障がい者福祉畑から介護事業に入った人たちは、やはりすごくよくわかっておられて、柔軟だなあという感じを受けました。

小島　そうですか。高齢者だけを見ているとほんとうに視野が狭くなりますね。津久井やまゆり園事件のとき、高齢者介護界隈の反応が鈍かったことに象徴されるような気がします。

上野　ほんとうにそうですね。障がい業界の人はあまり高齢者のことを知らないし、高齢業界はまったく障がい業界のことに関心を持たないようです。

小島　そうなんですね。周囲の障がい者の人たちには十数年前から「あなたたち気をつけなさい。介護保険の現状を知っておかないと、将来酷い目に遭うから」と、メッセージを送っています。

上野　介護保険をつくるとき、「老障統合」は理念としては正しいんだけれども、そんなことをしてもらっちゃ困ると、必死になって障がい業界の人たちが抵抗なさいましたね。そして自分たちの権利を守り抜いた。それは当然でした。

小島　そう。だけれども、なんですよ。

上野　その結果、「老障統合」という言葉が、言えなくなっちゃったんです。

小島　そうです。あまりにも介護保険が酷いので、ますます統合と言いにくくなってしまいました。

上野　高齢者自身が、そういうことをわかっていないですね。

小島　介護の業界でも、高齢と障がいの間ですごく断絶があるし、両方やっていてもそこが分かりきっていないといいますか。

上野　私は障がい者が蓄積してきた知恵と経験は高齢社会の財産だと思っています。面白いエピソードですが、年寄りがどんどん難聴になっていくでしょう。高齢者施設でもともと聴覚障がい者だったおばあさんが二人、手話で喋りながら、ケラケラ笑っていらしたんだそうです。それを手話のできない難聴のおばあさんがじっとうらやましそうに見ていたと。そうか、こういう違いが出てくるんだと、感じ入りました。

小島　私もこの年になって、手話を習得しておくべきだったと悔やんでいます。

上野　私もそれを聞いたときにそう思いました。

小島　ほんとうに、障がいのある人たちが命懸けで、凄まじい差別の中で、今から半世紀も前に運動をやって得たその成果の中で私たちが低床バスにも乗れ、エレベーターも付いている駅で何とか電車にも乗れる。そのことをまず知った上で、介護の問題に入ってもらいたいと思います。これからの高齢者には特に知っていただきたい。誰も知らないですから。

上野　自分と同時代にそれが起きていたのに？

小島　ええ、知らないのです。

上野　関心を持ってこなかったのでしょうか？　それで、小島さんの話を聞いた高齢者の反応はどうでしたか？

小島　呆然として、「あら、そうだったんですか」って感じですよね。まさに驚かれます。

もう一つ、少し前のことになりますが、高齢者層の、というか一般的に、津久井やまゆり園事件に対しての反応が鈍く背筋が寒かった。当時の安倍首相は各国から哀悼のメッセージが来ていたのに、声明すら出さなかった、これに象徴されるように思います。

あの事件より少し前に川崎の有料老人ホームで3人の入居者が介護職員に殺される事件が起きています。これは転落死だったのですが、警察は2件目まで事故で処理し、3人目の事件が起きたとき消防（救急隊）が、「いくら何でも続きすぎだ」と言い出して立件されました。一審では死刑判決が出ています。あまり大きく取り上げられないのがとても怖い。抵抗できない高齢者が、守られるために入った施設で殺害される。障がい者は邪魔だから殺しても良いという理屈と、高齢者が次々殺害されてもあまり大きく取り上げられないのは、どこか同じ感覚が流れているようで恐ろしい。最近では集団自決なんて言いだした若手の経済学者がいますね。

認知症から逃げられると思っている男たち

小島　私は認知症の方を中心に高齢者介護をやっておりますが、認知症というテーマが社会的課題にもちあがってきたときに、実は「しめた」と思ったのです。誰も「私には関係ない」と言えない障がいがでてきたわけで。だからこれを糸口にして、もう少しみんなが障がい者になることについてきちんと向き合えるようになったらいいなと期待しました。なかなか、そうはなっていないですが。

上野　これについては、小島さんと100パーセント意見が一致します。「高齢社会は恵みです」と私は言ってきました。なぜって、加齢はすべての人に平等だからです。

男は女になる気遣いはないから平然と女性差別をするし、健康な人間は障がい者になる可能性が滅多にないと思っているから、障がい者差別をする。でも高齢化すれば誰もがかならず中途障がい者になります。だから、逃げられません、という時代が来た。それを「恵みです」と言ってきました。同じ考え方ですね。なのに、逃避というか、見たくない現実から逃げ隠れするんですよ。そうなる前にポックリ死にたいなんてね。認知症になってまで生きていたくない、死ぬ権利をくれと言うんです。この人たちは。

小島　ほんとうにそうなの。それは浅はかというか、人生哲学がなってないというのか、そう断じていいと思うんです。都合よく健康なまま逃げおおせると思っているの。そういう人生は豊かなのって言いたいですね。少なくとも「連帯を求めた」世代の方々ですから、これまでの人生でかかわらなかったとしても、障がいがある人々の人生に思いをいたして、自分自身の余生を豊かにしていただきたい。

上野　時々披露しているエピソードなんですが、高齢社会を論じるシンポジウムで、あるエコノミストが「僕の理想の死に方は」って言ったんです。耳をダンボにして聞いていたら、「ある日ゴルフ場でポックリ逝くことです」。

小島　へえ～、そうですか（笑）。

上野　それを高齢社会を論じるシンポジウムで言うんですよ。「ボクは自分が老い衰えることを見たくない、聞きたくない、考えたくない」と全員の前で公言したのと同じです。そのオジサマは、ネオリベ（新自由主義＝ネオリベラリズム）派のエコノミストで、政府の委員をやっていた人です。

小島　そういう方が委員になってるから、社会保障がちっとも良くならないんです。ほんとうに老いることにリアルに向き合う、障がいにきちんと向き合っていく。「ああはなりたくない」っていう気持ちもわからないわけじゃないけれども、誰でもなるんだから、やっぱりちゃんと向き合おうよと今のうちからも声を大にして言っておかないと、これからものすごく増えてくるのですから。ちゃんと自分の痛みと向き合って、「君たちに手間をかけるけれどしっかり最後まで生きます」と言う人たちは、やっぱり尊敬されると思いますね。

認知症を社会から遮断しない

上野　父親の介護は老老介護で自分の母親がやってしまい、それから母親の介護は嫁と娘がやったり施設に入れたり、結局自分の血縁者の老いの現実を目の当たりにすることから免責されている男たちがいます。

かつて強烈な家父長だった男がエロ爺になっていく姿とか、そういう実態をちゃんと見る機会をおっさんたちは持てよ、介護に手も足も出せよ、という気持ちがすごくあります。

それに認知症になった場合ですが、家族が表に出さないでしょう。学問の世界でも認知症になった著名な学者はたくさんおられますが、家族が社会的にも遮断しちゃうんです。面会を頼んでも応じてくださらない。

小島　会わせてくれない。

上野　私は、社会的な発信を続けてきた人たちは、自分の老いさらばえた姿、あの人がまさか、みたいな姿もちゃんと見せる義務があると思っています。

小島　賛成ですね。

上野　そうやって社会から遮断しておくから、何年かしたら、死亡広告が出ると「あれ、あの人まだ生きてたの？」となる。その間の経過というものがあるわけでしょう、その人がどんなふうに老い衰えていったか、本人も家族も社会に見せる義務と権利があると思う。だから私は、ご自分の認知症を晒した長谷川和夫さんの姿は貴いと思います。ご家族もご立派でした。

小島　偉かったですね。ほんとうに偉かった。認知症研究の第一人者が「私が認知症になったら詳しく観察して報告します」と以前から発言されていて、実際にそうされました。ＮＨＫスペシャル「認知症の第一人者が認知症になった」（2020年1月11日放送）は、主治医からストレスが大きいからととめられたそうですが、ご本人が強く希望されて実現したと聞いています。貴重な記録です。読売新聞のインタビュー記事で、「認知症になられて、つらくないですか」と聞かれて「しかたないじゃないですか。85歳にもなれば」と。穏やかな紳士でいらっしゃいました。私も認知症になる予定ですから、詳しく観察して皆さんに報告しなくっちゃと思っています。

上野　長谷川さんの前にすごく尊敬したのが、故多田富雄先生[*]です。脳梗塞の後、あの麻痺の残る身体で、車椅子で公的な場にも出られて、することをちゃんとおやりになった。私にしょっちゅう訊かれるのは、「上野さん、上野さんもそうなっても世間に姿をさらしていいんですか？」って。

小島　良いも悪いもないですよね。なるときにはなるんだから。

上野　はい、私もそれでいいです、とお答えしています。

＊多田富雄：東大名誉教授・国際的な免疫学者・エッセイや能をよくする。脳梗塞に倒れ、右半身不随、声と食べる自由を失ったが、科学者として病気を見つめ受容した。「リハビリは科学。創造的な営み」と言う。パソコンを左手だけでこなして著作も出し、リハビリ期間の短縮については率先して抗議の署名運動を率いた。

小島　私が代表をしている現場の話ですが、まだ介護職になって間がない職員が、グループホームの担当だったんですけれども、その段階で認知症が進んで言葉でのコミュニケーションができなくなっている入居者さんのことを「私はあの人を尊敬しているんです」と言ったので、びっくりしたんです。以前から付き合いのあった人ならまだしも、出会って間もなかったのですよ。

その人はグループホームの中でも一番症状が進んでいて、他の入居者が意地悪をしたりする。そういうときでも、その方は毅然とした態度をとる、って言うのね。言葉にはできないけど態度で。「この人はずっとこういう毅然とした態度で生きてきたに違いない」と感じたと、その新人職員が言ったんです。

上野　ほう……そういう感受性を若い介護職も持っているんですね。

小島　私はそれを聞いたときに、「ああ、ここまで症状が重くなっても、そういう風に感じ取ってくれる職員がいる。なんて幸せなんだろう、この方」って思いました。介護職員の中には、認知症のある方々が懸命に生きている姿を見て、「はげまされますね」と話す人も少なくありません。

上野　そうなんですよ。目を背けないでほしいですね。だからそういう現場を知らない人に、政策設計なんかしてほしくないですね。

小島　してほしくない。まったく興味がない人たちには。

上野　自分は「逃げられる」と思っているんでしょう。

小島　でもこのごろ、「私の親族も介護保険を使ってまして」とか、厚生労働省や経産省の政策担当の若いお兄さんが言うのを耳にするようになった。「じゃあ、あなた介護手伝ってるの？」と訊きたくなるけど、そういう場じゃないから我慢しています。使ってはいるけれども、踏み込んではいない人たちが政策をつくっている気がしますね。

すぐに死なないほうが子どものため？

上野　親子関係で変だなぁと思ったのは、「老老介護」で妻が夫を介護しているときに「子どもを巻き込みたくない」と親が言うことです。それが理解できない。ヤングケアラーじゃあるまいし、相手は大人になった自分の子どもです。

あなたが一生の間に一番時間とエネルギーを使ったのは何ですかと聞いたら、ほとんどの女性は「子育て」と答えます。その子どもに、背負えないほどの重荷を与えるのは問題だけれど、背負える程度の重荷を与えて何が悪いんですかって。

小島　家族って、他人にはうかがい知れない不思議な関係があるんです。うちは父が長く病まないで76歳で亡くなりました。最後に病院の付き添いをすることになったときに、母が私に「S子（妹）は可哀想だから私と美里で看ようね」みたいなことを言ったのです。妹はもう40歳過ぎですよ。

親にとっては、いつまで経っても末の子どもは小さいのかな。そのときは私も同調してしまったのですが、さすがに本人が「私だってできるわよ」と付き添いました。ちょうど同じ時期に親を看取った同じく末っ子の50歳のいとこが、「僕も同じこと言われて、それはないから『僕も看るよ』って言った」と言っていました。

家族関係においては、いつまでたっても子どもは子ども、一番下の子どもが一番小さいものみたいなところはありますね。

上野 それが理由かなあ。ほんとうに不思議です、子どもを巻き込みたくないって。子どもに頼るなら、介護には長女がいいって。長女にとっては義務なんでしょうか。

小島 そう。でもその次女に母は看取られましたけどね。私が忙しいのを理由にして看なかったので。

上野 かつては、「私のような思いを子どもにさせたくない」と言う親たちがいました。それを聞いたら私は必ず、「それは介護保険が始まる前ですか、後ですか」と聞くようにしています。介護保険の前はほんとうに背負いきれないほどの、人を圧しつぶすような重荷だったと思いますが、今は介護保険で重荷も分散できますから、背負いきれる程度の重荷を背負ってもらえばいいんです。ピンピンコロリで、何の介護負担もなしに死なれた子どものほうが、かえって悔いを残すこともありますから。

小島　親でなくても、大切な人にあっけなく逝かれてしまうのはつらい体験です。「本人は苦しまなかったから良いじゃないの」と自分の気持ちをなだめるために言って聞かせたりして。訪問診療経験が長いドクターが、介護状態になってから関らなかった子どものほうが、最後になって無駄と言えるような延命治療を望むと言っています。それはあるかもしれない。こういう心理も「看なかった」負い目からくるのかもしれません。あまりしんどい思いをせずに看取るために介護保険はあるのですから、積極的に利用してほしいですね。

上野　親が死んだ後に、一つは、「悲しい」っていう気持ちと、もう一つは「ああ、やっと重荷がおりた」と、その両方を味わってもらったらいいんじゃないですか。すぐに死なないほうが子どものためです。

小島　そう。ある意味では、子や孫にとても良いものを見せているんですね、親としては。生き死にの瀬戸際という最も大切な場面です。

上野　ほんとうにその通り。こういうところは小島さんと１００パーセント意見が一致しますね。

小島 そこは合いますね（笑）。介護サービスを使いつつだと、昔よりずっと負担が少ないです。

上野 はい、とってもよく合います。ほんとに自分と同じ意見を違う言葉で言ってもらっているように聞こえます。

私はおひとりさまですから、家族を断って、家族に一切依存しない潔い生き方をしていると勘違いしている人たちがいらっしゃいますので、その私が「子どもに背負える程度の荷物を背負ってもらったらいいじゃありませんか」って言うと、みんなびっくりなさいます。

小島 子どもは、親は親なんだから、子どもは何もしなかったら後は逆に痛みが残るでしょう。

上野 またそれを、「コロリと死ぬのが子孝行だ」みたいなことを言う人もいます。

小島 うちの子どもなんか「母さんはあんなことしているから、どうにか自分の身じまいはできるだろう」と思っているところはあるような気がするんだけど。（笑）

上野 いやいや、ちゃんと看に来ますって、小島さんの子どもは。

小島 さて、どうでしょう（笑）。

上野 私は家族が解体したとは言っていません。団塊世代は家族を形成したし、ほとんどの人には子どもがいる。その前提でこの話をしています。たとえ独居でも離れた家族がいます。まったく係累のない人はレアですが、これから増えていくでしょう。

第3章

「8050問題」——団塊ジュニアに明日はない!?

就職氷河期コア世代が直面する「８０５０問題」

小島　ここまで、２年後の２０２５年に団塊世代全員が「後期高齢者」になる「２０２５年問題」についてお話をしてきましたが、実はより深刻なのは、団塊の子どもたちである団塊ジュニアの状況です。団塊世代の多くが要介護になる80代になるとき、団塊ジュニアは50代となって介護する側になる――いわゆる「８０５０問題」です。上野さんはどんな処方箋をお持ちですか？

上野　団塊の世代は何とかなるでしょう。団塊ジュニアはどうなりますかと聞かれてこれまで何と答えてきたか。「恐ろしくて考えることができません」と言ってきました。

小島　そのとおりです。でもそれじゃいけないわけでしょう。

上野　私は40代に向かって「あんたたちが当事者だろう」と言っております。それに「あなた方が日本人の世代の中で政治に最も距離を置いてきたシニカルな世代だった。そのツケをちゃんと払わないといけません」とも言っております。

小島　我がＮＰＯの職員にも団塊ジュニア世代は多いですが、低賃金で一生懸命働いている団塊ジュニアに対してそこまで冷たくなれません。

男女共同参画白書
令和4年版

上野　団塊ジュニアに当事者意識をちゃんと持ってもらわないとなりません。介護保険は団塊世代が約10年かけてつくりました。団塊ジュニアも自らがそれに見合うだけの代替案をちゃんと出していく、その力が必要です。

介護保険をつくったのは介護適齢期を迎えた団塊世代でしたが、団塊ジュニアの問題は介護保険問題より年金問題です。介護保険も問題だらけですが、購買力があれば何の問題もありません。

団塊ジュニア世代に関する恐ろしいデータがありますので持ってきました。先にお見せした「男女共同参画社会白書」令和4年版（上の写真）に載っているデータです。

これはほんとうによくできています。1975年から1985年生まれの就職氷河期コア世代では、その前の世代よりも確かに非正規雇用率は高

“不本意非正規”が多い
就職氷河期コア世代（1975−1984生まれ）

図9　初職の雇用形態（世代別）

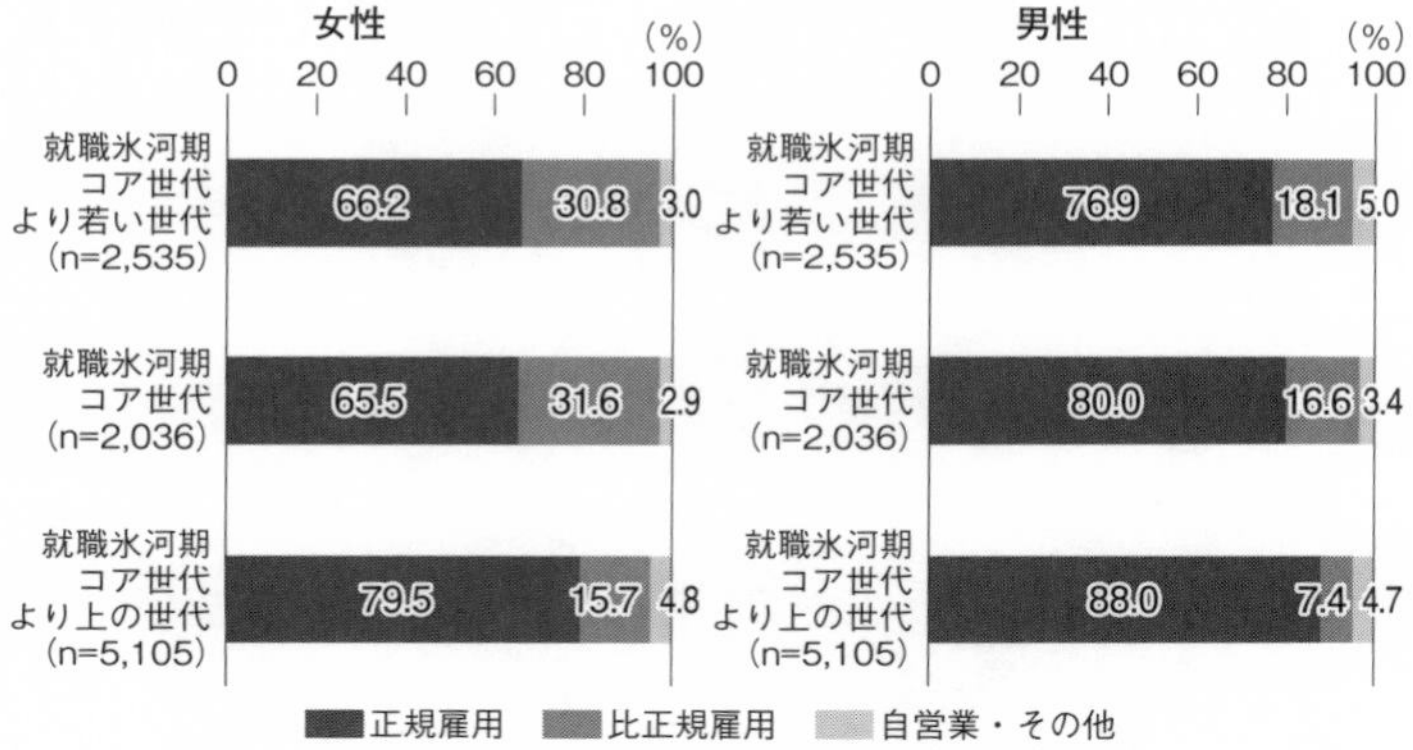

コア世代より若い世代でも改善していない

図10　仕事への希望度（希望通りだったか）

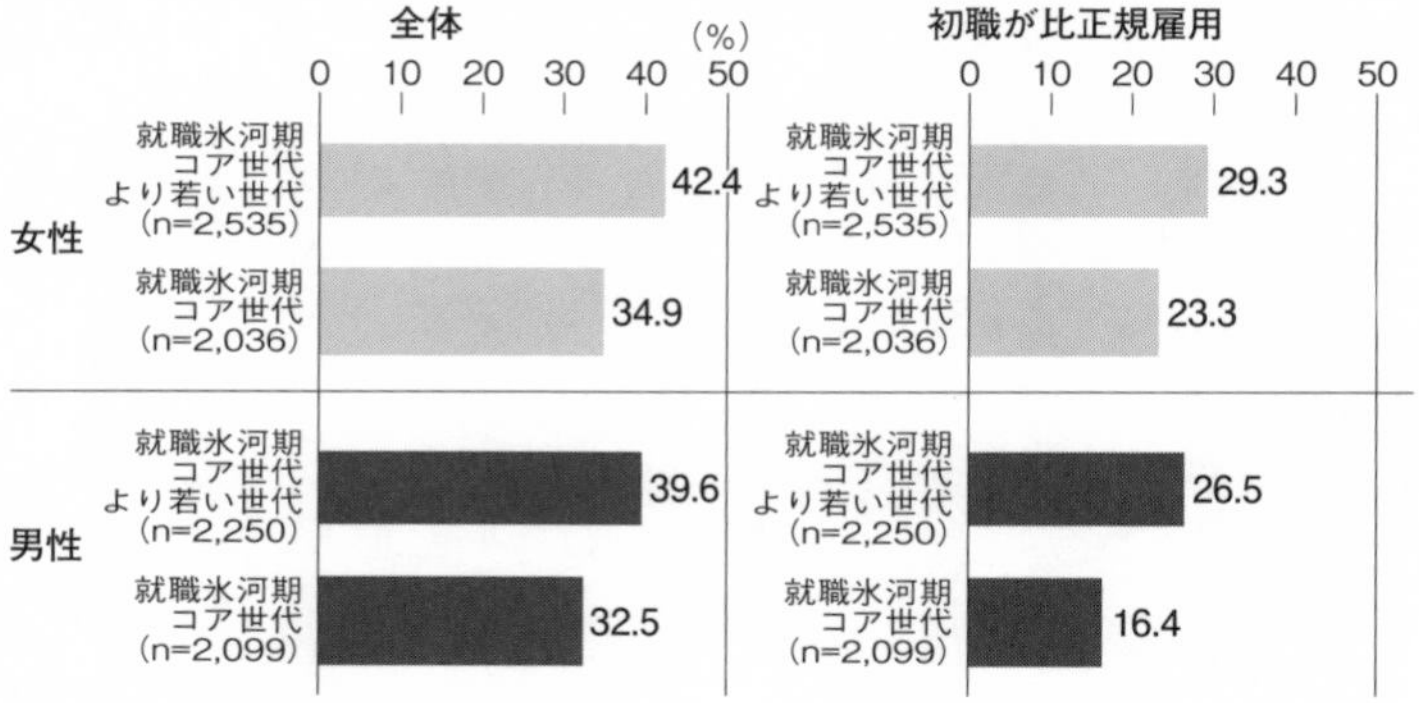

（備考）「希望通り」「やや希望通り」の累計値。

不安は老後

図11　「高齢になっても年金受給が不透明・見通しが立たない」としている割合（世代別）

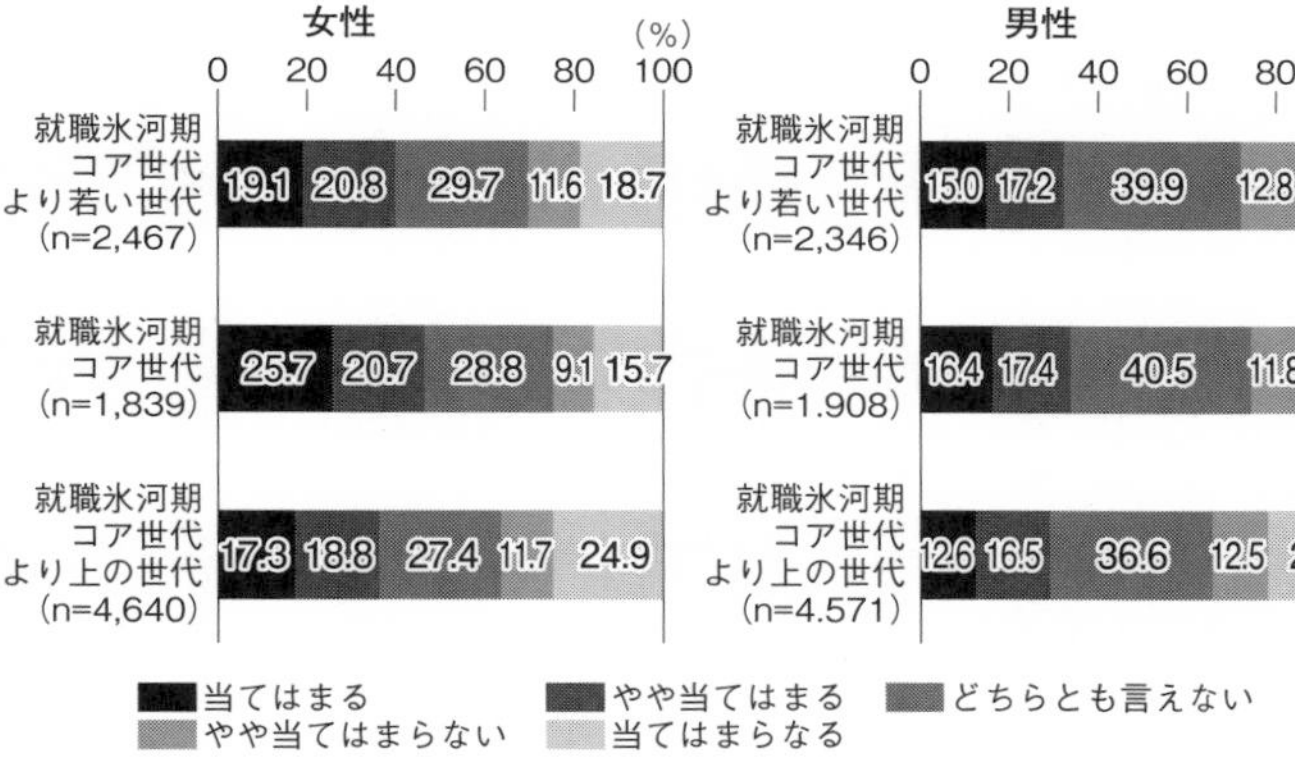

（備考）「わからない・考えられない」とした回答者を除いて算出。

図9～11、令和4年版『男女共同参画白書』より

くなっています。特に女性が男性の倍ぐらい高い。しかも多くは「不本意非正規雇用」です（図9、10参照）。

小島　選択肢がない……。

上野　恐ろしいのは、その後も状況が改善していないことです。このコア世代より年少の世代でも状況が変わっていない。学卒で労働市場に入っていく初職段階から3割の女性、2割近くの男性が非正規労働者です。最初から非正規労働市場に入っていってこれが固定します。

　この人たちが声を上げにくいのは、世代間格差もあるけれども世代内格差があるからです。コア世代でも8割近い男性は正規職についている。非正規の男女は増えているとはいえ少数派です。そうす

ると、「お友達の○○ちゃんは就職も結婚もしてるのに、なんであんたにできないの」という話になる。

小島　一番嫌なデータですね、目をそむけたくなるけど……。

団塊ジュニアが抱える老後不安

上野　自己決定・自己責任のネオリベラリズム改革の時代ですから、「あんたのせいでしょ」となっちゃうわけです。老後不安はこの世代が一番高いですね（図11参照）。

こういう非正規の人たちを産んで、こういう状態を政治は放置してきたまま、結局この数十年、全然改善していません。

非正規雇用率は約30年間、増えつづけてきました。雇用者全体のうち非正規は約4割、男性は2割台、女は6割近く。非正規雇用者全体の約7割が女性です。つまり働く女の10人に6人が非正規。「8050問題」は100パーセント予測可能だったのに、この状態を政治は放置してきたわけです。ふざけるな、ですよね（図12、13、14、15参照）。

経営者に対して「非正規やめろ、最低賃金1500円にしろ」とか言ったら猛反発、「会社が潰れる」と言います。

シニアシングル女性の過酷な実態

〈調査対象者〉 同居している配偶者やパートナーがいない単身女性で、40歳以上のシングルで暮らす女性。独身、離婚、死別、非婚／未婚の母、夫等と別居中の方で子ども・親・祖父母・兄弟姉妹等と同居、子ども等の扶養に入っている場合も含む。事実婚やパートナーと暮らしている方は対象外。
〈実施期間〉 2022年8月4日～9月20日
〈実施主体〉 わくわくシニアシングルズ 協力：湯澤直美（立教大学コミュニティ福祉学部）・北京 JAC
〈回答者数と有効回答〉 回答者は2390人（うち郵送96人）。うち有効回答は2345人

図12 就業形態

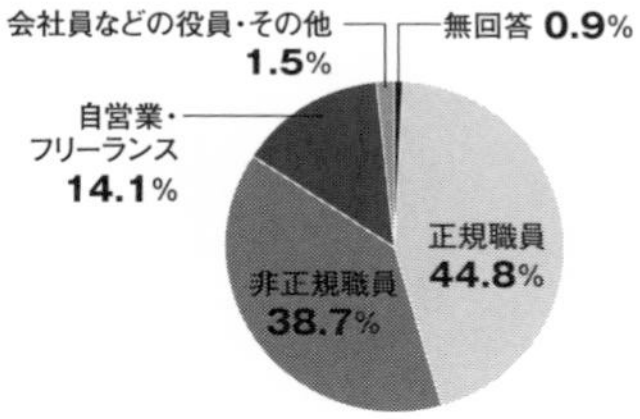

※クロス集計 年齢と就業形態

就業形態	40代		50代		60代前半		65歳以上		合計
	度数	%	度数	%	度数	%	度数	%	度数
正規職員	650	51.1	211	42.7	21	23.6	7	6.2	889
非正規職員	461	36.3	207	41.9	39	43.8	61	54.0	768
自営業者・フリーランス	148	11.6	67	13.6	29	32.6	36	31.9	280
会社などの役員・その他	12	0.9	9	1.8	0		9	8.0	30
合計	1271	100.0	494	100.0	89	100.0	113	100.0	1967

働いている人1984人のうち、就業形態の有無に無回答17人を除く1967人の集計

図13 主たる生計維持者

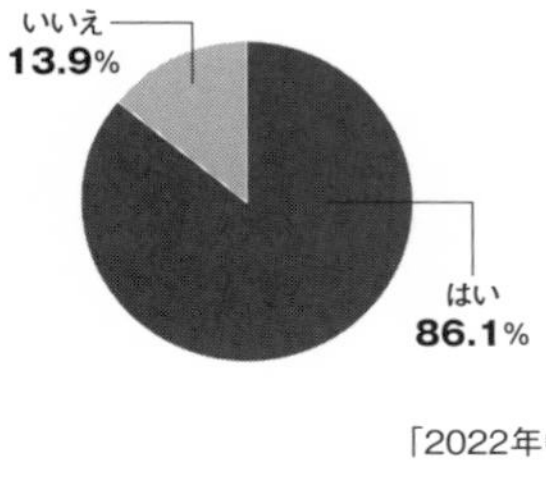

図14 2021年の年収

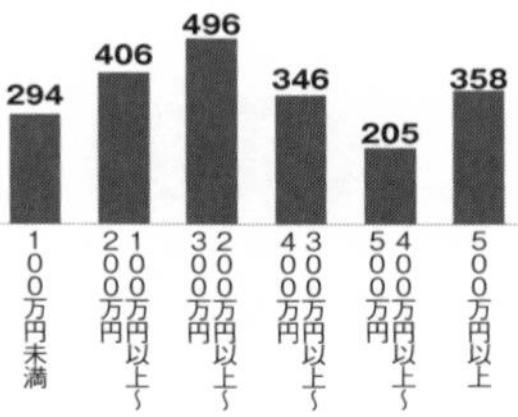

「2022年中高年齢シングル女性の生活実態調査報告」より作成

増えつづける非正規雇用率

図15　非正規雇用労働者の割合の推移

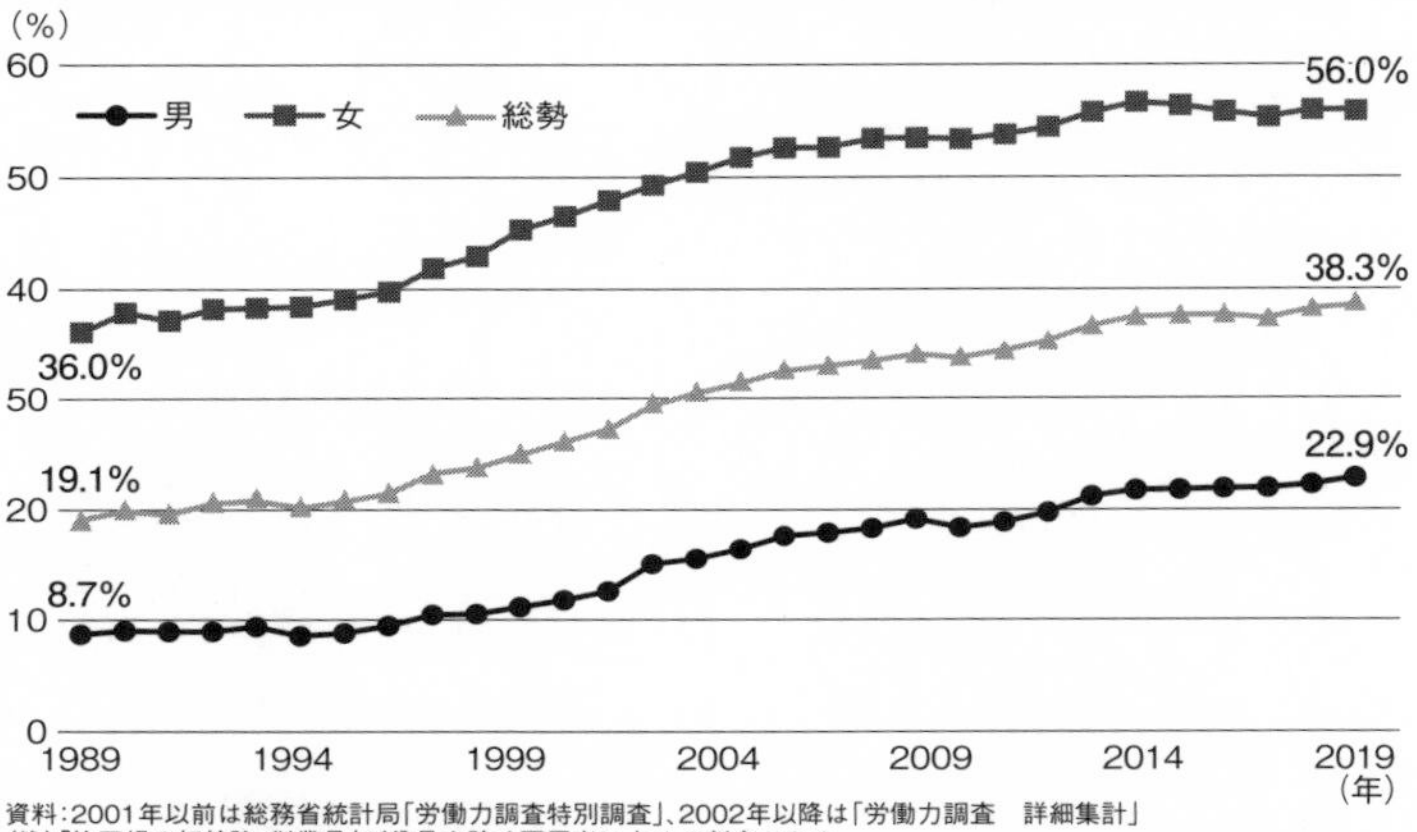

資料：2001年以前は総務省統計局「労働力調査特別調査」、2002年以降は「労働力調査　詳細集計」
(注)「比正規の初校院・従業員」が役員を除く雇用者に占める割合である。

令和4年度『男女共同参画白書』より

このところ男が起こしている事件、安倍晋三元首相を襲撃した山上徹也も秋葉原無差別殺傷事件の加藤智弘も、非正規労働の経験者です。

予測可能だったのに無為・無策にきた政府の責任。私は「これは、人災です」と言っています。

小島　ずうっと、どの世代にもくまなく、そうした事例が出てきていますね。実際に未婚の子と高齢の親という組み合わせは非常に多くなっています。

こんなケースがありました。お父さんは末期ガン、お母さんは要介護2認知症の典型で身体機能は保たれているので目を離すと出かけてしまう。一人娘(40代)は学歴も高く能力はある方なのですが、非正規雇用でした。体調が悪化する中お父さんはかみ合わないお母さんの話や行動に耐えていましたが、あるときデイサービスから帰宅してすぐ、お母さんが突然食ってかかった。耐えかねてお父さんの手が出た。職員がいったんデイサービスに連れ帰ったこともありました。お母さんの認知症が進み、お父さんの病状が進行しても娘さんは介護休暇も取れない。特養ホームは要介護3にならないと申し込みさえできません。認知症グループホームの費用は高くて支払えないという八方ふさがりでした。「どうすればよいのか」と涙を流す娘さんにもらい泣きしました。こういうケースは多いはずです。

また、常識的には家族がいたほうがいいというけれど、そうとは言えないケースが含まれています。ひきこもりで親の経済力に寄り掛かってきた中高年の子と要介護の親、「８０５０問題」はよく知られるようになりました。

それから障がいがあるお子さんと老親。それがきちんと障がい認定された障がいであればまだいろいろ手の打ちようはあるのですが。

「8050問題」は「失われた30年」の人災

上野　社会学者の橋本健二さんが書いた『新・日本の階級社会』（講談社現代新書、２０１８年）にこんなデータが載っています。彼は30年かけて日本は1000万人近いアンダークラスを生んだと書いています。

アンダークラスとは、泣いてもわめいても階層上昇ができない人のことを言います。こういう底辺層をつくってきたわけですね。それを構成するのは、若年者、低学歴、単身、中高年女性、シングルマザー等の貧困者です。

その中に恐ろしいデータがあって、「貧困は本人の責任」という考え方に、アンダークラスの4割が同意している。やっぱりね、と思いました。格差社会を人為的につくってきただけではなくて、それを支える価値観、すなわち「自己責任」が、当のいちばん割を食った人たちの間に内面化されています。だからこの人たちは、社会的に連帯もしないし、政治的に闘いもしないのです。

人口学的予想は最も確実に可能な予想なのに、無為無策のままに30年をやりすごしてきた。まさに「8050」問題は人災です。

小島　確かにそうですが、「自己責任」を価値とするように育ててしまったとも言えるのです。

上野　この人たちは団塊世代の自滅を見てきている。小林よしのりに「純粋まっすぐ正義君」と揶揄されて、政治から距離を置いてきたシニカルな人たちです。団塊親の世代はリベラルなのに、団塊ジュニアは保守的ですね。自民党支持というより維新派ですね。

小島　親は打倒すべき対象ではないわけですね。

上野　彼らは親の資源に付け込んできました。当時は親がそれだけ太いスネを持っていましたから。でもその親の太いスネが年金生活者になったら痩せてきました。

小島　その細いスネにぶら下がっていく人たちがいっぱい出てきて、そうすると結局、介護保険もサービスもろくに使えなくて、介護力の弱いというか、それがない家族に支えられることになるという悪循環が起きてくる。

上野　だから処遇困難事例になると、介護保険を使うことを家族に拒否されます。年金パラサイトしているから使いたくない、使わせない。処遇困難事例は小島さんのところにもありますか。

小島　どれをあげたらいいかな。今までの例がいっぱいあるんだけど。

上野　たとえば、引きこもりしている非婚の初老の息子と要介護のその親とか。

小島　あります。引きこもりだったり、明らかに障がいがあるお子さんと、認知症のある親の組み合わせで、二人だけで住んでいる、両親と子の三人というケースもあります。こういう家族からは健康な子ども、力のある子どもは遠くへ行ってしまうんです。自分が生きるために。

だからそばに来て付き合ってくれと言いにくい。結局、介護事業者任せになっているのです。私どもの訪問介護事業所（障がい者対応）は精神疾患の利用者が多いので、お子さんにヘルパーが長いこと訪問していて、「最近お母さん認知症が始まったようだ」と報告があり介護保険のサービスにつなぐというパターンもあります。この場合子どもに介護を期待することはできませんから。母親の介護に入って未認定の障がいがある娘を「発見」して障がいのサービスにつないだこともありました。

上野　私の友人の社会学者・春日キスヨさんが処遇困難事例を研究しておられましたが、大事なのは親の問題と子どもの問題を切り分けることだとおっしゃっていました。親に対する支援も大事だけど、困っている息子や娘に対する支援もやらないと、と。

小島　子どもさんに障がい者対応の相談支援専門員を紹介して障がいサービスにつなげます。親が超高齢期の場合、子もすでに介護保険年齢に入っている場合もあります。

上野　そのためには、世帯分離したほうがいい場合が多いですね。

小島　そうですね。ただ、もうどうにも離れないという場合も少なくありません。

上野　春日さんが指摘していたのは、高齢者が自分の状態を虐待と認識しないこと。親が、「こんな子どもに育てた自分の責任だ」と。その母心を思うと、死ぬまで母か、という感じです。ですから、親は訴えない。児童虐待よりも介入がしにくいと春日さんは言っておられました。児童虐待なら第三者判定で入れるけれども、青あざをつくっていても虐待と本人が言わないそうです。

小島 介護サービス事業者は虐待の通報義務がありますから、事実関係は報告はします。デイサービスなどで入浴時に不審なあざがあったりしたときも、「さてどうしようか」という話になりますね。逆に、息子さんが「僕、虐待しているみたいです」と言ってきたケースありました。認知症の父親とシングルの息子の二人暮らしでした。

上野 よほど煮詰まって自分自身からSOSを発するケースでしょう、レアですよね。

小島 相談すれば道が開けることがあるのです。なんでも自己責任の世の中で、人さまに頼ることを知らない、してはいけないと思っている世代でもありますから、ここは強調したいです。「人さまに迷惑をかけない」と言い聞かされて大きくなるのが日本の子どもたち。これはNGワードにすべきです。人さまに迷惑かけずに生きていくことはできない。孤立が極まって孤独死して腐乱死体で見つかるなんて迷惑ですよ。そんなになる前に人とつながりましょうよ、と言いたい。

若者と全共闘世代の共闘は可能か?

小島 「団塊世代の子どもたちには明日はない」という深刻な話になりましたが、上野さん、救いがまったくないのでしょうか?

上野　団塊ジュニアのさらに下の世代には、可能性がありそうです。団塊世代との連携ができるかもしれません。

さきほども言いましたが、社会運動の経験者は「いったん起きた子はもう寝ない」んですよね。運動のノウハウも知っている。この世代には、市民活動とか社会運動をやってきている人たちが多いし、地域のリーダーとなる人もたくさんいます。その人たちが住民運動のなかから政治家になったり、いろんな市民活動をリードしてきています。

面白いと思ったのは、２０１５年に安保関連法制が国会を通る直前に国会前を埋めたのは、60代・70代に加えて20代でした。高齢世代は、頭が真っ白か髪の毛のない60年安保世代と、老境に入ったばかりの70年安保世代でした。その真ん中の世代がすっぽり抜けていました。そのときの参加者には40年間の断絶がありました。

社会参加や政治活動に対して後継世代が冷笑的な気分を持つに至った原因の一つは団塊の世代がつくりました。それは反省すべきことではありますが、このことは議論する必要があると思います。

実は私、あのとき40年ぶりにデモに参加しました。社会活動はしていましたが、街頭行動から離れていましたので、実に40年ぶりのことでした。国会前を10万のデモ参加者が埋めたときに、誰か一人が火炎瓶を投げないかと、私はほんとに恐れていたんです。一人が火炎瓶を投げただけでメディアは手のひらを返します。「暴力反対」は錦の御旗ですからね。それで潮目がいっきょに変わり、運動が完全に壊滅状態になる。たった1人でもそういう行動に走ったら、どうなるか。あるいは潰したい側がそういう活動を仕込んだらどうなるかということを恐れていたんですが、最終的にはそうはなりませんでした。もう一つ気にかかったのは、あの時、国会のフェンスに押し寄せたあの10万の群衆の目の前に機動隊の装甲車がバーッと止まっていたんです。そこに誰かが「突っ込めー！」「国会のフェンスを越えて入れー！」と声をかけたらどうなっただろうかと。

小島　おそろしい（笑）。しかし、機動隊のほうもいかにも今の若者でした。

上野　誰かがアジったらどうなっただろうかということも、私は危惧していました。SEALDsの若い男の子が、後で話していましたけど、装甲車の前に間をあけて接触しないように、デモ隊を止めていたんですね。ちゃんとリーダーがコントロールしていたんです。

そういう現場を見ながら、何を思っていたかというと、デモのノウハウが途絶えているなと。その話をある若い研究者にしたら、「40年経ったら、公安のノウハウも途絶えますよ」と（笑）。

小島　そうですね。その通りです。私、上野さんと違ってこの40年、脱原発なんかで、けっこうデモに参加していますが、往年と違ってのどかなものです。子連れで歌いながらとか、ね。

上野　ですから40年という時間はすごく長かったのですが、でもおかげさまでというか、私たちが長生きするようになったので、70代の世代の人間と20代の世代が出会う場所ができてきたわけです。しかもＳＥＡＬＤｓの若者たちが泣かせることを言うんですよ。私たちが若い頃は、"Don't trust over-thirty"と30歳を過ぎたオトナとは共闘しない、信用しないとこれまで言ってきたのに、今の若者たちは、「戦後70年、１人も戦死者を出さず日本の平和を維持してきたのはあなた方先輩のおかげです」って言うのよ。

小島　ほんとによく言うよ、っていうか。配慮が行き届いていますね。爪の垢を煎じて飲みたいぐらい。

上野　よくぞ言ってくれたね、と思って（笑）。今でも覚えていますが、スピーチのときに、「私たちは上の世代とは対決してきたけれど、今は、下の世代と対決ではなくて共闘できるようになった。生きててよかった」と思わず言っちゃったんです、私。（笑）

小島　私は、２０１５年のあのとき、「安保関連法に反対する医療・介護・福祉の会」のメンバーとして国会前で水を配っていました（笑）。ひとつ意識的にやったのは、機動隊の若いおまわりさんにも「大丈夫？　水分はとったほうがいいのよ」とやさしそうに（笑）すすめてました。「いや、大丈夫です」と笑顔で返事してくれました。高齢層が多いデモでしたから、医療関係者が応急処置できる体制をつくって、デモ主催者に感謝されましたね。

上野　団塊の世代はそういうリーダーシップや運動のノウハウをずっと維持してきたと私は思

っています。それは右翼の学生運動を見ていても、同じ。たとえば日本会議はちゃんとその当時のノウハウをずっと維持してきています。思想は正反対だけど、日本会議のあの草の根の活動は市民運動からノウハウを学んでいますね。

介護問題とはジェンダー問題である

上野 介護問題にはジェンダーの視点が不可欠です。というか、その視点をまったく欠いて介護が語られてきたことが大問題です。

団塊ジュニアで大きな問題になっている就職超氷河期と非正規雇用の増加と男性化について言うなら、非正規労働がもともと既婚女性の家計補助労働にすぎないという認識だったうちは誰も女の差別や不利を問題にしませんでした。

それが男の問題になって初めてメディアが大騒ぎを始めました。非正規労働市場に家計補助型の労働者ではなく、家計支持型の労働者、すなわち「おひとりさま」と「おひとりさまアゲイン」、非婚女性とシングルマザー、それに加えて男性が入ってきました。これが番狂わせでした。

現実がこれだけ深刻化しているのに、誰一人、何一つ、手を打ってこなかった。なぜなら、それは女の問題だったから、というのが私の見立てです。

小島　その通りです。10年ぐらい前から、ともかく新規の採用は条件が合えば正規雇用にしているんですけど、パートでしか働けない方もいらっしゃいます。訪問介護には特有の働き方があって、普通のパート勤務といわゆる登録型と、どちらかを選んでもらっています。その比率は10対1ですね。シングルマザーも多いですし、主たる生計の担い手は増えています。後者の登録型は「直行直帰型」とも呼ばれる就業形態で、1件の介護に対していくらという契約方式です。移動や記録の時間は実働分として補償されず、事業者責任にして逃げる国を許さないと3人のヘルパーが原告になって国家賠償を求めて闘っています。

久しぶりに去年1人、お子さんに病気がある方が登録型を選びましたが、登録型を選ぶ人は極端に少ない。それははっきりしてきているので、今後もこれを変える予定はありません。わたしどもの訪問介護では、だんだん高齢層がリタイアしていけば、常勤と普通のパートばかりになると思うのですが、世の中ではなかなかそれが進んでいません。

上野　先ほども言いましたが、令和4年度版の『男女共同参画白書』の出来がとてもいいんです。女がどうしてこんな不利な扱いを受けているのか、その答えがちゃんと書いてあります。

小島　介護職員、中でも訪問介護は「女なら、主婦ならだれでもできる」と育児や介護、家事の合間に働くことを想定しているから、「直行直帰型」という就労型が成り立ってきました。

介護報酬もそれを想定して設定されています。そもそも介護保険が始まって間もなく、男性介護職が「寿退職する」と介護の低賃金労働が社会問題になったのも「男性」だから。圧倒的に多い女性介護職として取り上げられた問題ではなかったのです。

上野　結局、男性稼ぎ主型モデルを維持するために、女には「男に養ってもらえ」「シングルマザーになったら再婚して男にぶら下がれ」という昭和型モデルです。「もはや昭和ではない」とこの白書は言っていますが、昭和型税制・社会保障制度が、寄ってたかって女性の就労を抑制してきました。これ以上稼ぐな、これ以上働くとあんたたちが不利になると。

就労抑制と言いますが、禁止と言ってもいいですね。いまだに「夫の許可を得て働きに出ました」と言う女性がいると、その夫を「何様なんだ、許可するって」と思いますよ。許可するということは、それまで禁止してきたということ。夫個人が禁止してきたというだけではなく、制度が寄ってたかって禁止してきたんです。

その背後に女性の出産・育児負担があります。出産ペナルティと言っていいほど、女が出産によって不利益を被る社会をつくってきたわけです。それで出生率が上がるわけがありません。

ＢＢ（貧乏バアさん）問題――女は老後も低年金で貧乏。死ぬまで貧乏

上野　図16の「ＢＢ問題」というのは、樋口恵子さんの命名で、「貧乏ばあさん問題」の謂いです。

女は、ずっと低賃金で貧乏。老後も低年金で貧乏。死ぬまで貧乏。そのシステムを過去半世紀にわたって維持してきました。

この男女共同参画白書を作ったのが、当時内閣府男女共同参画局長だった林伴子さんで、非常に優秀な女性官僚です。どうして女性がこんな不利な扱いをされてきたのかの種明かしがこれです。この昭和型の税制・社会保障制度は、まちがって専業主婦優遇策だと思われてきましたね。

小島　「扶養控除の壁を超えて働いてもらいたい、年金も健康保険もつきますよ」とお願いしても「そこまで働くと損します」と言われます。いやいや、この程度働けばクリアする。生涯賃金として考えたら、社会保険、年金付いたほうがずっと良いのに。これには子育てが一手に母親、女性の手に任せられていて公的な子育て支援が薄いことも響いています。もう少し規模の大きい法人なら保育施設も作れるのですが、残念です。

BB（貧乏バアさん）問題

女はずっと貧乏、老後も貧乏、死ぬまで貧乏。女性の就労を抑制（禁止）してきたのが税制・社会保障制度

図16 関連制度の変遷

現在の社会保証制度が形成された時代(高度経済成長期)の経済・社会背景

- 右肩上がりの経済成長と低失業率
- 正規雇用・終身雇用の男性労働者と専業主婦と子供という核家族モデル
- 充実した企業の福利厚生

昭和36(1961)年度　配偶者控除の創設

・扶養控除から分離して創設

・家事や養育など家庭の中心となって夫を援助するなど夫の取得の稼得に大きな貢献をしているという、いわゆる「内助の功」を評価。

昭和60(1985)年　第3号被保険者制度の創設

・基礎年金制度を導入し、基礎年金部分について専業主婦も含めた女性の年金権を確立。被用者世帯の専業主婦の基礎年金保険料は配偶者の加入する年金制度が負担。

昭和62(1987)年度　配偶者特別控除の創設

・パートタイムで働く主婦の所得が一定額を超える場合に、夫において配偶者控除が適用されなくなるとともに、その妻も納税者となることから、世帯全体の税引後手取額が減少してしまうことに対応。

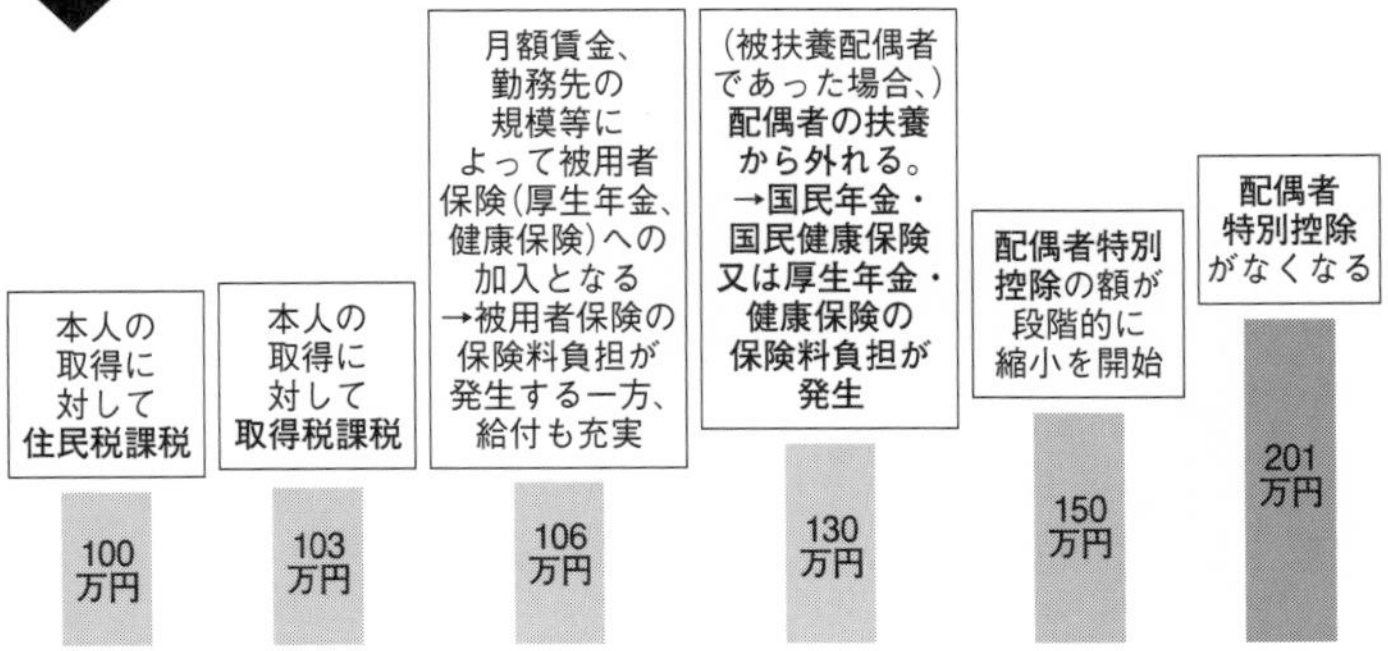
本人の取得に対して住民税課税
100万円
本人の取得に対して取得税課税
103万円
月額賃金、勤務先の規模等によって被用者保険(厚生年金、健康保険)への加入となる→被用者保険の保険料負担が発生する一方、給付も充実
106万円
(被扶養配偶者であった場合、)配偶者の扶養から外れる。→国民年金・国民健康保険又は厚生年金・健康保険の保険料負担が発生
130万円
配偶者特別控除の額が段階的に縮小を開始
150万円
配偶者特別控除がなくなる
201万円

令和4年度『男女共同参加白書』より

図17　日本の税制・社会保障制度は専業主婦優遇策？

Who gains from it?　トクをするのは誰？

妻の社会保障保険料を負担しなくて済む夫
みなし専用主婦の社会保険料を負担しなくても済む使用者（パート労働者の雇用主）
就労調整をする主婦パートを低賃金で抑えることができる使用者
得をするのはオジサンばかり
反対するのは使用者+連合の男性労働者

妻は？　低賃金・不安定雇用・低賃金に苦しむ
ずっと貧乏、老後も貧乏、死ぬまで貧乏。

上野　私たちはこの制度で誰が得するのか、Who gains from it？を考えます（図17参照）。

小島　いや、時給を上げると働く時間を減らすことになるので、雇用側も困るんです。仕事のスキルも上がっているから、時給上げてもっと働いてもらえれば人材不足の折からとても助かるのですが。そこを邪魔しているのがこの制度。まるでいいことない。

上野　政策は必ず政策効果を伴うように設計されているので、トクをするのはまず第一に、それまで妻の年金保険料を支払ってきた夫が、3号被保険者保険料を払わなくても済むようになって、得をします。第二に、みなし専業主婦を雇っている雇い主が、妻が夫の扶養家族に入っているから社会保険料を払わなくてすむ。本来労使折半すべき社会保険料を払わずにすみますから、雇い主が得をしています。第三に、年収130万円の壁を超さないようにわざわざ就労を抑制する主婦パートを、低賃金に抑えてきた事業者が得をします。年末になると主婦は就労調整をしますが、地域最低賃金が上がると年間労働時間が減るので雇い主は困ると言いますが、賃金抑制の材料にも使われてきたのです。最低賃金が1500円になると、ほとんどの雇い主はパニックに陥って反対運動を起こすだろうと言われていますが。

今述べたように、妻の社会保険料を負担しないですむ夫、見なし専業主婦の社会保険料を負担しないですむ雇い主、就労調整をする主婦パートを低賃金で抑えることができる事業者、この三者はほぼオジサンたち。得するのはオジサンばっかりです。今この制度を廃止しようと言ったら、専業主婦たちは猛反対するでしょう。彼女たちは、すでに既得権益集団になっているからです。経営者団体も反対しますし、連合の男性労働者も反対するでしょう。だから手をつけられないんです。

小島　いい加減にしてほしい。労働力が不足する時代に何を考えているのか。

上野　経済合理性で言えば、女性の就労を抑制するこの昭和型税制・社会保障制度を廃止するのが1丁目1番地なのに、やっぱり猛反対が起きるんです。反対が起きるということは、自分たちが得していることを、この人たちはちゃんと自覚しているということですね。最近ようやくこの問題がとり上げられるようになりましたが、それも人手不足に悩む経営者団体からの要請で、女性のためではありませんね。
介護業界でも、こういう女性たちが働く側に回り、利用者はこういう人たちの介護を受ける、どちらも女で、どちちも貧乏、という話ですね。

小島　年度末になると、調整に入る人たちが出てきて困るんです。それから時間給が上がると、それに応じて、時間調整をしてくる人たちが現れる。ほんとうに困る。

上野　これでも、反対の声が上がらない。これまで、ジェンダーは票に繫がらないと言われて、国政選挙の争点には出てきませんでしたが、２０２１年の衆院選と２０２２年の参院選で初めてジェンダー課題が表に出ました。選択的夫婦別姓です。でも別姓よりもジェンダー課題で重要なのは、この税制・社会保障制度です。これに対して、女性の間からも反対の声が上がってこないのは、世帯主義を取っているからです。コロナ対策特別定額給付金も、世帯主に一括支給でした。それを個人単位にできない。なぜかというと、戸籍制度を守りたい人たちがいるからです。選択的夫婦別姓は合理性から考えると反対する理由はないのだけれど、非合理な理由で戸籍制度と家族制度を守りたい人たちがいる。根が深いんです。合理性で動いてないのよ、この国は。

小島　みんなが合理性で動けば話は簡単なことなんですけどね。

第4章

介護保険制度の歴史的意義をかみしめる

介護制度を作ったのは団塊世代の官僚と市民

上野　ここからは、「団塊世代の老後」にふかくかかわる「介護保険制度」について、話を進めましょうか。

そもそも小島さんとこんなやりとりができるようになったのも、ひとえに介護保険改悪阻止の動きに関わったからです。23年前に介護保険が施行されたことは歴史的な大事件でした。今から振り返ると、介護保険制度23年の歴史には、功罪共にありました。まずは「功」のほうから話しましょう。

「失われた30年」と申しますが、90年代に約10年の準備期間を経て介護保険制度が成立したということは、歴史的な快挙でした。

ジェンダー関係の法律も同時期に整備されましたが、ほとんど実効性がないために、自分の周りの生活が変わったという実感が持てないんですね。でも介護保険は確実に、国民の生活の現場を変えました。

この介護保険を作ったのは主として官僚と市民（「介護の社会化を進める一万人市民委員会」）でしたが、その中心メンバーは団塊の世代でした。

小島　私は1996年に「措置」時代のホームヘルパー派遣事業を医療法人でスタートさせていますから、当時のことはサービス事業者として見ていました。

上野　動機は不純です。介護保険は利用者中心主義と言いながら、実のところは制度設計の意図も効果も、家族介護の負担軽減でした。だから当時の政策設計者たちも、それに同調した市民たちも、自分たちの介護負担を減らして少しでも肩から荷を下ろしたいというのが動機でした。それに加えて政治の動機は社会福祉のネオリベ改革の流れに乗って、介護をできるだけアウトソーシングしていこうということでした。

この2つの流れが同調して介護保険制度ができたんですが、税ではなく保険方式にしたことも含めて、結果は良かったと私は思っています。

小島　措置が良いか保険が良いか、ということで言えば、私自身は税財源だけの措置制度*では持たないから保険がよいだろう、という斜めの目線でした。

上野　団塊世代は後続の世代に評判が悪いし、団塊世代からは政治家をたいして輩出しませんでしたね。社会運動経験のある団塊世代で首相になったのは菅直人氏だけ。それも短命政権で

＊措置制度：戦後日本の福祉制度（知的・身体障がい、高齢者、児童）は、自治体が利用できる条件を満たしているか否かを判断し利用できるサービスを決定する仕組みだった。2000年の介護保険導入を皮切りに「契約」方式に転換。

あっという間に消えて、政権が世代交代しました。次の世代に移行しちゃったわけです。外国の学生運動世代はその後政権の中枢に入っていきましたが、イタリアとかドイツ、フランスのような動きを日本の全共闘世代はしなかった。

その団塊世代が世代的な課題として取り組んで作り出した制度として、介護保険制度は世界に誇るべき制度です。これは団塊世代の遺産と言ってもいいと、私は評価をしています。

成立の過程でも、成立後も、施行当時も、介護保険は欠陥だらけだと山のように批判が来ました。たしかに欠陥はいっぱいありますが、それでも、もう「介護保険の前」には戻れない。そのぐらいの大きな効果を日本社会にもたらしたと思います。

当初、介護保険批判が嵐のように吹き荒れていたので、私がポジティブに評価していたのを樋口恵子さんが大変喜んでくださいました。

小島　成立時は自民・社会・さきがけの連立政権でしたね。厚生大臣は菅直人さんでした。私は介護保険が始まる4年前に事業者になったんですね。市会議員を辞めると同時に事業を立ち上げたんですけれども、当時は介護保険前ですから社会福祉法人や医療福祉法人でないと福祉事業はできない。

だから近くで仲良くしていた医療法人の中に入れてもらって、庇を貸してもらうような格好で始めたのです。ですから私は「措置」の時代も知っています。介護保険にシフトしていく状況もずっと見てきました。両方とも見ているわけです。

ともかく圧倒的に利用者が増えていったということは、これはもう介護保険の効果に決まっています。

ただ、やはり最初から、もう始まる前から介護の職員の処遇は確実に措置の時代より悪くなるというのが数字で出ちゃったんですね。それでヘルパーの給与を減らしました。減らさないと立ち行かなくなると思った。病院の内部だからそんなことしなくてもよかったのですが、独立採算で計算してみて、そこまで思い切ってやった。それは当然のことです。

それと、1回目の基本報酬が今に至るまでで一番良かった。20年以上経った今、何とかなっているのは加算を取っているからです。だから報酬設定の問題とか、処遇の問題はいまだ解決されないままです。

さらに、低所得者対策ができていない。他にも問題はあって、制度が認知症仕様になっていない。介護保険ができたこと自体を否定するものではないんです。けれども最初からそういう問題があったという事実はあります。

上野　今の話は私の見ている現実とは若干違っています。ヘルパーの処遇が悪くなるというのは事業者サイドの見方ですね。一番非難が集中したのは、低所得者対策がないということでした。ですが、低所得者が多いのは年金制度の問題であって、介護保険制度の問題ではありません。そこを混同しないようにしてほしいですね。

今までの措置時代のサービスに比べると、従来の利用者から見ると明らかにサービス低下が大きいです。そのことには多くの社会保障論者が反対しました。それに確かに自治体ヘルパーだった人たちの処遇は明らかに条件が悪くなりました。

自治体ヘルパーの条件が悪くなったと言っても、その人たちのサービスを受けられた人たちはどういう人かといったら、ほんとうに限られた単身世帯と貧困層。市民の中のごくわずかな人たちだけ。しかも何をどれだけ提供するかは措置ですから、行政が決めます。中産階級の世帯には一切何の支援もありませんでした。そこに初めてこういうユニバーサルなサービスが登場してきたわけで、そのことの意味は大きいです。行政改革で公務員削減がマストですから、公務員ヘルパーを増やす選択肢はありません。行政サービスを外注して事業者に委託し、準市場のもとで競争原理を導入するという仕組みは悪くなかったと思います。それまでの措置時代のどんぶり勘定と非効率はひどかったですからね。介護保険の前後に介護保険指定事業者に移行していってうまくいった事業者は、小島さんたちのように過去に既に実績を上げていた市民事業体で、それが介護保険後に軟着陸したというのが実感です。介護保険を契機に参入してきた大手の企業などと比べても、経営的に安定性がありました。小島さんたちが賃金を下げなきゃいけなかったというのは、もしかしたら、「えん」の特殊事情じゃないかと思うのですが。

小島　そんなことないですよ。少ないですが、民間のヘルパー派遣事業をしていた事業所は同じことになりました。新座市の社会福祉協議会は措置時代の賃金を維持したままで続けていたら、数年後に立ち行かなくなって頭を抱えてました。新座市の社協の訪問介護でいえば、少数の常勤と多数のパート職員という構造でした。

上野　なぜ「えん」が特殊かというと、措置時代のサービスを受託していたからでしょう。それまで地域最低賃金かそれ以下で、家事支援サービスのような有償ボランティアをやっていた人たちにとっては、すごく経営が安定したんです。賃金は確実に上がりました。

小島　それは、事実です。

上野　だから賃金が低いと言われながら、それまでボランティア価格とか善意だけでやっていたような人たちが、それを仕事にしていったという点では、NPO法と介護保険法の効果は大きかったのです。あのとき私は介護保険移行期のワーカーズ・コレクティブ[*]の調査をやりまし

＊ワーカーズ・コレクティブ（Workers Collective）：地域社会に必要なモノやサービスを市民自身の「労働」によってつくり、提供する事業形態。雇用労働ではなく、参加者全員が出資者・労働者であり、組織運営など経営のすべてにかかわる。営利の追求を第一の目的とはせず、相互扶助の精神の下、地域社会の発展に貢献することを目指している。1980年代に生活クラブ生協を母体として結成され、共同購入運動に参加していた主婦層を中心に広がっていった。「介護サービス」も事業の柱の一つに位置付けられている。

たが、介護保険を契機に事業が軌道に乗り、経営は安定し、財政基盤はできと、いいことずくめでした。その過程で雨後の筍のように女性の起業家たちが生まれていったことも目の当たりにしています。「えん」で賃金が下がったというのは、どういうご事情だったんでしょうか？

小島 確実に払えていた移動に関わる部分とかが、まったく保障がなくなっていった。同じ処遇、同じ賃金を払っていると赤字になるのがはっきりしてきたのです。特にすごく高い賃金を払っていたということではありません。もちろん常勤の職員も何人もいませんでしたし、ほとんどパートでしたから、パートさんの賃金ももちろん減りました。常勤の賃金も減った。これはうちの事実です。

上野 措置時代のヘルパーから条件が悪くなったのは事実です。ただしあの準公務員待遇の公務員ヘルパーを需要に応じて増やすという選択肢はありませんでした。

小島 そうですね。うちの場合は特殊かもしれません。ただ、ボランティア当時からの仲間たちが生計の担い手になるような、１９９０年代後半からの社会事情があって、なんとか食べていけるだけの賃金は確保したかったのです。おっしゃっていたワーカーズ・コレクティブとかＮＰＯが今どうなっているかというと、もうほとんどリタイアしちゃったり、お仲間がいなくなっています。残念です。

「措置から契約へ」「恩恵から権利へ」のタテマエは良かったが……

上野　ワーカーズ・コレクティブって一体何だったかというと、労働市場から排除された高学歴女性たちの生きがい、やりがいの受け皿だったのでしょう。あの人たちはボランティア価格で働くことを誇りに思ってきた人たちですね。

　ところが介護保険ができて、そこに参入してくる層が変わりました。それは労働として賃金を求めてやってくる人たちで、高い賃金があれば労働移動していく人たちです。ワーカーズ・コレクティブの担い手とは水と油のような関係の人たちでした。その後、おっしゃる通り、介護保険の改悪が続く中で、十分な賃金を払えなかったために、食える労働を求める人たちは脱けていきました。

小島　そうですね。実は医療法人でこの仕事を始めた翌年に、私自身の夫が急逝し「主たる家計の担い手」を失ったのです。

　一緒に始めた仲間たちも夫の事業が傾くなどボランティアどころかパートでは生計が成り立たない人が複数でたのです。１９９０年代の後半からはそういう時代でしたね。こうした事情がワーカーズの方々との分かれ道になったのかもしれません。

上野　志だけで残っていた人たちは、後が続かずに高齢化している。これが、現実です。ですが、かつて各地の草の根の女性起業家たちが介護保険事業に参入してきたころはイケイケでしたよ。

小島　そうです、よく知っています。そのころ、もう少し今の社会状況、女の人もきちんとした収入を得られる仕事としての介護事業という考え方を共有できないものだろうか、とは感じていましたが、アプローチできずにいました。

上野　介護保険には二つの理念がありました。「措置から契約へ」と、「恩恵から権利へ」です。その理念のもとで、利用者中心と言いながら、実のところほとんど事業者は家族との契約でした。業者もワーカーもお金を払う家族のほうを見ていました。

それだけでなく、介護保険はもともと家族介護の負担軽減が狙いですから、行政は同居家族のいる在宅高齢者を前提にしていました。独居の看取りは想定外でした。

小島　介護保険前のサービス利用者で独居の方は、「戦争未亡人」と少し若くて配偶者になるべき男たちが戦死してしまい「結婚できなかった」女性が多かった。介護保険が始まってしばらくするとこの世から去ってしまった世代です。

上野　介護保険のタテマエとホンネがずれていたのは周知の事実です（図18参照）。ですが、タテマエはなかなか良かったのです。大きな争点になったのは税か保険か、でしたね。このとき

図18　介護保険のタテマエ（理念）とホンネ（実態）

タテマエ

利用者中心
措置から契約へ／恩恵から権利へ
住民参加／地方自治

ホンネ

医療保険の破綻のつけかえ（社会的入院の移転）
家族介護の負担軽減（介護家族の存在を前提）

に、地方自治を名目にして保険者を全部自治体にしましたが、全国市町村議会が大反対したんです。

小島　そうでしたね。自治体は同じ保険制度の国民健康保険に苦労していますから。

上野　地方自治の名のもとに「上乗せ横出し」OKのゴーサインを出した。つまり福祉は全国一律の均霑《きんてん》主義（どこでも等しくサービスを受けられるようにすること）が原則なのだけど、地域格差があっても構わないとゴーサインを出したわけです。その上、実際には社会保障費の抑制がホンネでしたから、医療保険で社会的入院しているおばあちゃんたちをもっとコストの安い介護施設に移そうという狙いがあった。

それと、介護家族の存在を前提としていたということがあって、負担軽減とはいうものの、考えてみたら、どちらも福祉のネオリベ改革の流れの中に乗っかったというのは事実だと思います。

小島　おっしゃる通りです。私たちが医療法人の中で訪問介護を始めたのも、病院側に長期入院の高齢患者を在宅に戻さなければならないという課題があったからでした。忘れもしない、最初の頃の利用者で脳血管疾患による医療依存度の高い男性、気管切開して鼻腔栄養、遷延性意識障がい60代の男性利用者の妻は、ドクターから「みんな家で看てる」と言われて在宅介護を始めたけれど、実はこれほどの重度患者の在宅事例はこの病院では初めてでした。ご家族は「だまされた」とおっしゃってましたね。あのとき私たちがヘルパー事業を立ち上げていなければこういう方を在宅に戻せなかった。立ち上げたから自宅に返された、とも言えます。

日本の介護保険　九つの特徴

上野　ここで改めて介護保険制度の特徴を整理すると、以下の9点になります。

1　税と保険の混合方式
2　地方分権と住民参加
3　行政サービスのアウトソーシング
4　利用者と事業者の契約関係

5　給付水準の高さ
6　ケアマネジャー制度
7　ケアワーカーの資格化と専門化
8　要介護認定制度の導入
9　家族給付の選択肢をつくらず

一番めの特徴である「税と保険の混合方式」です。介護保険制度の導入にあたっては、税か保険かと議論になりましたが、保険方式を採用したのは結果的に、良かったと思っています。保険方式を採用したことが貧困者に対しては圧迫になったことは事実ですが、「日本人には権利意識がない」という常識があっけなく変わりました。使って当然みたいになって、結果オーライだったと思っているんですが、どうですか。

小島　ある時期まではそれで良かったと思うんですけれども、今後の問題として保険でいいのかなと感じています。これから高齢者がすごく増えてくる、貧困層が増えてくる。それこそ団塊ジュニアが高齢者になってきたときに、それで済むのかなっていうのはちょっと危惧するところです。

上野　そこはちゃんと切り分けたほうがいいですね。貧困は介護保険の問題ではなくて年金制度の問題だと思います。基本的に購買力があれば問題ありません。

小島 そうです。でも購買力がない人たちがいっぱいいます。

上野 おっしゃることはよくわかりますが、こうやって介護保険に批判が集中するのは、介護保険が負えない責任を介護保険に背負わせているだけです。

小島 それは確かにそうです。

上野 介護保険制度の特徴の二番めは「地方分権と住民参加」ですが、理念はすごくよかった。住民参加方式で介護保険事業計画策定委員会をつくって、保険料を各自治体が独自に決める。けれど、結局これは有名無実になりました。

小島 そうです。介護サービスの量と介護保険料の関係も考えなければなりませんが、そんなこと市民委員に考えられるはずがない。

上野 まず第一に、上乗せ横出しOKを実行している自治体は数えるほどしかありません。それも継続していません。それから、住民参加方式の策定委員会のメンバーを各自治体でヒアリングしましたが、何というか、行政のダミーみたいな。

小島 住民代表の実態は老人会や町内会のお偉方、介護保険に興味がない、従来から自治体の審議会常連の方々で、説明されても難しくてよくわからない。利用者代表として意見を述べて喧々諤々なんてことには決してなりません。

上野　そうです。利用者は全然入っていないし、公募委員もほとんどいない。発言するのはNPOなどの公募委員だけ。住民参加は樋口恵子さんの悲願の一つだったのだけど、実際には有名無実になってしまった。

同じ時期に何が起きたかというと、平成の大合併です。自治体数を減らせと、怒涛のごとく大合併の波にのまれていって、広域行政が錦の御旗になり、自治体独自どころか広域行政で低いほうにサービスが標準化するみたいなことが起きました。

日本の法律は理念と運用の間におおむねギャップがあるので、その運用で理念が有名無実になってしまったのです。

小島　私の住む新座市は周辺の4市と合併計画がありましたが、合意に至りませんでした。良かったと思っています。自治体は大きくなると住民から遠くなります。そして最も人口規模が多い構成自治体が幅を利かせ、合併した小さい町や村に目配りがなくなります。

ボランティアか融通のきかない公務員か、の二択を超えて

上野　三つめは、「行政サービスのアウトソーシング」ですが、当時、行政改革の波が荒れに荒れていました。

小島　はい。私は「埼玉都民」などと呼ばれる東京に隣接した自治体の市民ですが、1970年代人口が激増したベッドタウンで、まさに団塊の世代が自治体職員として大量採用されました。私が自治体議員になった1980年代には中堅になり、少数会派の女性議員とひそかに仲良くしていろいろ教えてくれた職員たちは、志も実力もありました。福祉分野ではケースワーカーがしっかり活動していて、実は私たちが医療法人の中に入って事業者になるときも応援してもらいました。そういう志ある職員が隅っこに追いやられ、職員は増えず仕事の量が増え、ノイローゼになって休職する人が増えていると聞こえてきたのが2000年代に入ってから。

アウトソーシングと言えば、介護保険制度も要介護高齢者に対する援助のそれになりました。多問題を抱えていてもケアマネ任せ、最初の法改正でできた地域包括支援センターに自治体職員が担っていた役割を移したのですが、課せられた業務が多すぎ、職員数もお金も足りないという典型的なパターンになった。

上野　公務員は一人も増やさないというポリシーのもとで、私たち国立大学教員も国家公務員から独立行政法人の団体職員に変わりました。そういう中で、自治体に保険者を委ねるときのエクスキューズ、正統化の論拠が、介護は基礎自治体の基礎的住民サービスというものでした。基礎自治体の基礎的住民サービスの中には義務教育も含まれます。義務教育の教員は全員自治体公務員。でも同じ理屈だったら当然介護公務員がいたっていいのですが、たった一人も公務員を増やすなという中でのアウトソーシングでした。

それに行革の流れの中で指定管理者委託制度が怒涛のごとく進んでいましたので、基本は行政サービスを業者にアウトソーシングする。そして、利用者は業者と契約を結んで、自治体はそれを管理するというシステムをつくりました。

小島　自治体職員が地域住民から遠ざけられたという一面もあります。たかが民間事業者が介護保険利用者の生死に責任を持たされる。

上野　私は、これには賛成でした。なぜかと言うと、あえて言いますが、公務員ワーカーの効率が悪すぎる。ヘルパー国家賠償訴訟の原告、藤原るかさんは措置時代の元ホームヘルパーですが、あの方たちが公務員だったときには待遇はたいそう良かったわけですね。なかには、良心的な公務員ヘルパーもいただろうけど、実際にはどれほど非効率な運用が行われていたか……。

小島　たしかに、非効率な運用をしていましたね。新座市はうちが入って初めて、夜や土日の運営をやるようになったのです。それまでは、9時～5時の土日休み。けれども新座市の場合初期のヘルパーは准看護師以上の有資格者で専門職としてしっかりした働きをしていました。1980年代から1990年代前半のヘルパーがゴールドプランで増える前の話です。

上野　自治労がすごく強い。労働者の権利を守るとしてアフターファイブは仕事をさせないとかね。そういう意味では、ほんとうの利用者フレンドリーではなかったわけです。だから私は、市民が、自分たちがほしいサービスの供給者になっていくのがいいと。

小島　それはもうおっしゃる通り。私たちは、自分たち事業者がそうなっていったときにも、それこそ土日祝日、年末年始、全部やりました。それから夜の12時までということで、夜中だけやらないというシステムにしたので、当初はずいぶんその土日や夜間は利用が多かったです。

上野　いやぁ、それは素晴らしいですね。

小島　それまでは、ほぼボランティアでやっていたんですよ。

上野　ボランティアか、さもなければ融通のきかない公務員ワーカーの二択しかありませんでしたね。

小島　制度上融通のきかない公務員ワーカーは、夜、来てくれないわけだから、「なんでボランティアがただで夜中に行くのよ」。腹が立って、介護の事業者になったわけです。

上野　介護が対価を伴うサービスになった。そこはいいのです。非効率な公務員ワーカーが増えるよりも事業者へのアウトソーシングのほうがベターだと私は思っていました。

小島　でも、もうちょっときちんとした形での公務員ヘルパーを若干残して、問題があるというか、大変なところにとりあえず行ってもらう。全部をなくすということではなくて。

それで最後の責任は自治体がとるという形で、横並びじゃないやり方をとれないかとは思いました。

上野　四つめは、「利用者と事業者の契約関係」で、直接雇用関係を避けたというのは制度設計としてすごくよかったと思います。諸外国の例、たとえばフランスには、私的に介護ヘルパーを雇って、そのためにかかった経費を後で税金から控除するみたいな仕組みがあるんですね。

小島　なるほど。ここは推測でしかありませんから、ご存知でしたら教えていただきたいところですが、ヨーロッパは私的な契約で家政婦を雇用することはずっとされてきて、その続きといったことではないでしょうか。

上野　はい、移民労働者が沢山いますし、ヨーロッパはもともと階級社会ですから使用人のいる家庭もあります。事業者との契約関係にすると、さっき言ったように、ヘルパーさんを選べないという文句が来ることもある。ヘルパーさんを一人に固定すると、よいこともあるけど、悪いことも多いです。そのヘルパーさんに何かあると、即サービスがストップしますし、それだけなく、実際何が起きるかというと、虐待と差別、抑圧です。それには山のように事例があります。利用者とワーカーとの関係を個人化しないということは、そういう意味でも、制度設計として非常によくできていると思っています。これについてはどうですか？

小島　利用者と事業者の契約にして、直接雇用関係を避けたことは賢明だと思いますし、うちの場合もずっと一貫して、ヘルパーを指定してくるようなことは認めてきておりません。今後介護サービスを利用される方々も、気に入ったからこのヘルパーで、といった要望をごり押しするようなことはしていただきたくないです。

上野　そこはちゃんと評価しておきましょうということですね。

そして、五つめの特徴として給付水準が相対的に高いことです。世界的水準から見ても、要介護度5の最重度でバウチャー36万円というのは、十分とは言えないが低いとは言えません。国際的に見て評価に値します。しかし、独居の在宅看取りを前提にしていなかったのは確かでした。

小島　私の記憶では、介護保険スタート当時「介護度5で寝たきり一人暮らしＯＫ」という話が出回っていました。実際、一人暮らしの方を36万円限度額ギリギリで訪問ヘルパーと訪問看護、訪問診療と福祉用具の貸与などで乗り切った経験はあります。この方の場合は夜間の対応は9時が最終でしたから、12時間近くサービスは入らないことを了承してでした。

当初反対があったケアマネジャー制度

上野　六つめは「ケアマネジャー制度」の導入です。

ケアマネ制度にもずいぶん反対がありました。なぜかというと、日本の介護保険はドイツの介護保険とイギリスの介護保険の折衷方式で、ケアマネ制度はイギリスから導入したのですが、イギリスのケアマネは自治体雇用なんですね。そうすると、ケアマネは自治体側の利害を代表して利用抑制に誘導するということがわかっていた。それを知っていた福祉に詳しい人たちはケアマネ制度に反対しました。

実際には自治体職員にはならなかったのですが、代わりに、ケアマネの事業者所属を認めました。認めた理由は報酬が低すぎたからというとんでもないことで、それで結局ケアマネの独立性が保てないことがスタート時からの大きな欠陥でした。

小島　今の時代にケアマネというのがなかったらどうなるんだろうと思いますよ、ほんとうに。ケアマネもいろいろとは言いますが、概してそこまでするのというぐらい親切な人が多い。

上野　初期のころ、ケアマネに頼まず、利用者が自分でケアプランを立てるセルフマネージドケアプランとかマイケアプランとかがありましたけれど、今はどうなっているんですか。

小島　今も少数ですが残っているはずです。小規模多機能型介護や定期巡回随時対応訪問介護看護といったセルフマネジメントには適さないサービスが出てきて、作成が難しいだろうなと専門職の立場からは思います。いずれにせよセルフマネジメントは自分がつくらないし、ほとんどが家族がつくるのです。

上野　本人じゃないんですね。

小島　ほとんどそうだと思いますです。少なくとも私が知っているのは全員家族。介護家族がケアプランを作成する形です。

上野　それから、すごくよかったと思うのは、七番めの「ケアワーカーの資格化・専門化」です。これも、家政婦さんみたいな形じゃなくて、たとえ短時間のおざなりな研修であろうが、それでも一応、資格のある人しか使えない。これもとても良かったと思っています。

小島　全員が資格を持っていることを要求されるのは訪問介護だけです。

上野　特に訪問介護が、「誰でもできる非熟練労働」と思われやすい。なので、資格化のハードルをつけたのはすごく良かったと思います。

八番めは「要介護認定制度の導入」です。要介護認定制度は問題含みだと思いますが。

小島　要介護認定、是か非か、難しいです。何もなければサービス事業者しては、いっぱい使いたい利用者とその家族の要望に悩むことになります。一方、医療のように血圧が高いとか血液検査の結果とか確実な判断基準はないから認定調査の結果や医師の意見書も担当した人の主観が大きく入ります。身体機能が重視され認知症のある人の要介護度が低く出てしまうといった問題は解決されていません。

上野　最後の九番めになる貢献は、「家族給付の選択肢をつくらなかったこと」です。これはドイツの介護保険にはあって、ドイツの大好きな人が入れろと主張して大議論になりましたが、これに抵抗して止めさせたのが樋口恵子さんたちの「高齢社会をよくする女性の会」で、よくやってくれたと思います。

小島　保険あってサービスなし。事業者がいないところはどうするのというので、家でサービスを使わずに介護している家族には家族給付を払おうという制度ですね。今も介護家族に給付すべし、という議論はありますが、私も反対です。

上野　そうです。その理由は二つあって、一つは介護保険サービス価格よりも遥かに給付額が低いので、まず安上がりになること。二つめは、嫁の介護が固定化することです。それだけではなくドイツの事例では、少なからぬ人たちが家族給付を受けているのに、家でどんな介護をやっているかが見えなくなります。不可視化してしまって、そこで何が起きているか、ケアの質の管理もできません。ということがあったので、日本では採り入れなかった。

こうして見ると、日本の介護保険は、なかなかよく考えてある観はありますね。

瞬く間に激増した利用者と施設の裏で

上野　では、こうした多くのメリットをもつ介護保険制度が導入されたことで、何が変わったか。次のデータをご覧ください。これが介護保険導入後の介護市場の推移です（図19参照）。

図19　介護市場規模の推移

施設は横ばい、在宅が伸長

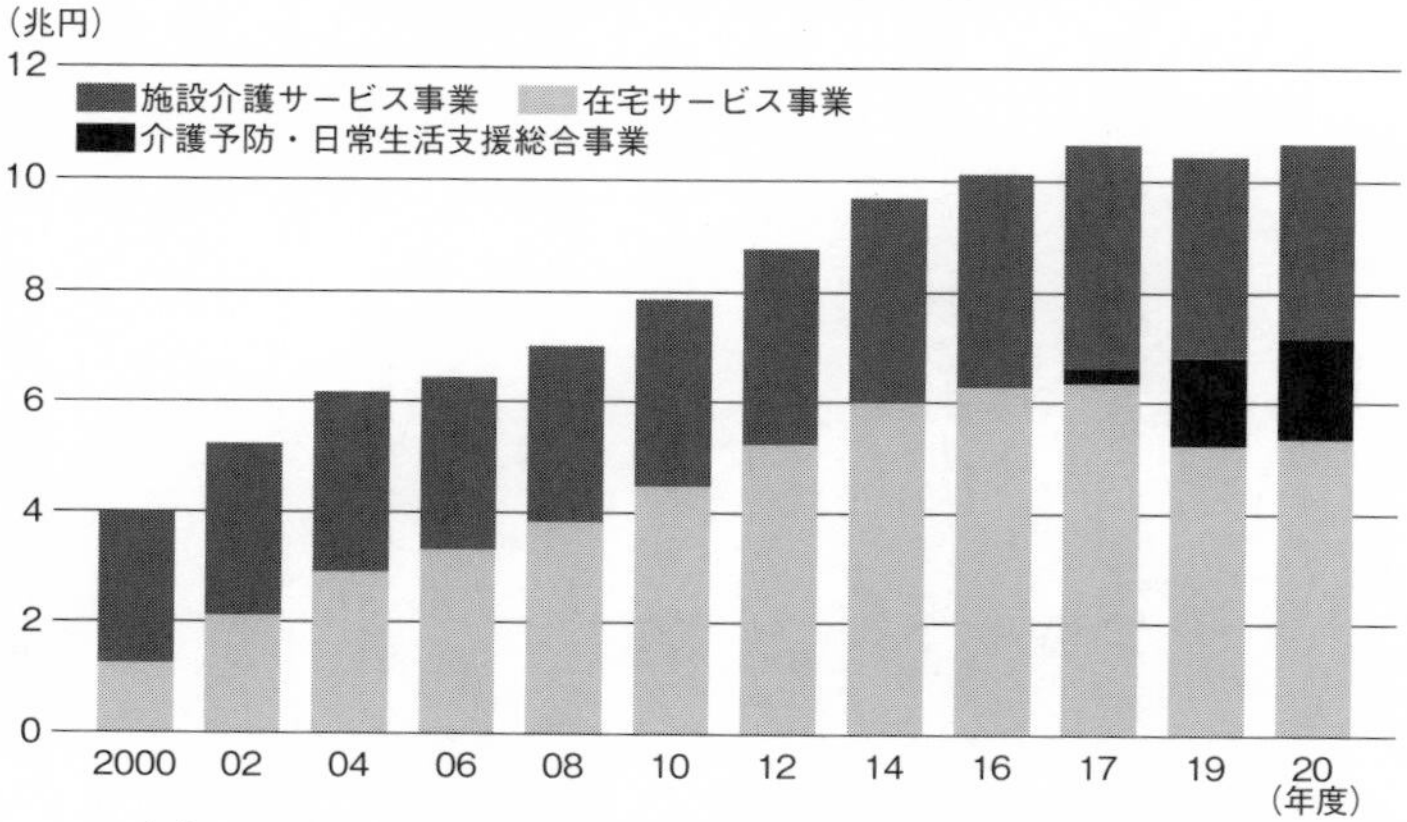

出典：国民健康保険中央会統計を基にみずほ証券テクイティ調査部作成を参考に作図

これだけ市場規模が大きくなっていますね。当初、施設系が半分を上回っていましたが、後半になると在宅系が増えています。もちろんこれは報酬設定による誘導があります。これを見て、人間の常識とか社会通念はこんなに簡単に変わるのかというのが驚きでした。途中から介護予防事業への支出が増えていますが、これについては後で話しましょう。

初年度は、介護保険を使うことに対する心理的抵抗感がすごくありました。「この辺じゃそんなもん作っても、使うものはおらん」とか「他人を家に入れるもんはおらん」とか、いろいろ言われたのですが、各地にカリスマ公務員がいて、利用者の掘り起こしに走り廻っていました。

小島　はい、私も今もお付き合いがある方がいます。創設までの経緯で知りたいことがあったらこの方々に聞くと良いです。

上野　自治体が最精鋭の官僚を介護保険準備室に投入して、利用の掘り起こしをしていたんです。ところが、それから3年経ったら利用抑制に転じました。

なぜかと言うと、まず第一にあっという間に市民の権利意識が高まったからです。私はその当時、何を言っていたかというと、「皆さん、医療保険に入っていて、病気になったときに『申し訳ない。この保険は使わない』なんて思わないでしょう。介護保険も同じように保険料を払っているんだから、必要なときには権利だと思って使うものじゃないんですか？」と。ほんとうに3年でそうなりました。

二つめの驚きは、その権利行使が施設入居に偏ったことです。少なくとも措置時代までは施設の質が劣悪だったこともあるけれども、施設入居には姥捨てスティグマがすごく強かったと思います。

だから、中産階級の子どもが親を施設に入れていると口に出して言えなかった。それが今、「母は、施設に入ってます」と堂々と言えるようになって、利用者の権利だから施設に入れようと思う人たちがどんどん増えて、スティグマがあっという間になくなりました。この利用者とは、実は高齢者本人ではなく、利用者家族のことなんですが。その間に個室特養とかも出てきて、施設の水準はどんどん上がっていきましたが、でも初年度からこのグラフのような状態なんですね。

世間の常識なんて短期間に簡単に変わるもんだなと実感しました。

小島　このグラフを見ていて、もう一つ読み込んでいかないといけないことがあります。それは在宅が顕著に増えていますが、もう5、6年前に「サ高住」や「住宅型有料」に使われている訪問介護が報酬の中の3割を占めると聞きました。だから単純に在宅が増えたとはいえない。そういうからくりがこの中に含まれているというのは見ておかなければいけないと思います。サービス付き高齢者住宅は本人と家族は「施設に入った」と思っている「在宅」です。

在宅誘導と言いながら、実態はそういうことです。

上野　「高齢者住まい法（高齢者の居住の安定確保に関する法律）」ができたのが２００１年です。施設の建設コストが高く、増やすと保険料を上げざるを得ないというので総量規制に乗り出しました。

その後、施設が増やせないところに、その間隙を縫うように入ってきたのが「サ高住」です。当時不況にあえいでいた、まったく介護のノウハウも実績もないような建設業者が、補助金目当てにどんどん「サ高住」に入ってきました。「サ高住」の入居者は基本、単身者でしたね。夫婦入居もありましたが、そんなに多くありません。

小島　まあ、そうです。「住まい法」ができたころ、国交省のサ高住向けの開設説明会を覗いたことがありますが、参加者はおよそ介護とは無縁そうな、スーツ姿のビジネスマン然とした人ばかり。「失われた20年」に高齢化が重なれば建築関係が参入してくるのはわかるけど、私のところへ「どうしたら儲かるグループホームができるか」というお門違いの質問にきた不動産屋のオジサンを「当方儲かっていませんから」と追い返したこともありました。

上野　サ高住も建前は住宅なので、ここにサービスに入ると居宅系の訪問介護になります。介護保険財政支出の施設系と在宅系が逆転したあたりから、高齢者の世帯構成が変わっていっています。高齢者夫婦世帯と独居世帯が増えてきているんです。調査に入って現場で感じたのは、初期の頃の家に他人を入れたくないという抵抗感が薄まったことです。この抵抗感は年寄りの抵抗感じゃない。家族の抵抗感がより大きかったのです。

それが高齢者だけの世帯とか独居世帯になったら、否も応も言っていられない。他人に助けてもらわなければならない人たちが増えてきたというのが、この背景にあると思います。

小島　そうですね。それと訪問介護が使いにくくなったことで、お家にいられなくなって、サ高住を施設と思って、そこに入ればなんとかなるだろうと入られた方たちが一定程度いますね。

上野　そうですね。事業者にとっては、サ高住で居住費と管理費を取ったうえに、訪問介護と訪問看護、訪問医療を積みあげていくモデルがいちばん収益が上がります。トータルすると20

万から30万になりますから、利用者にとっては相当費用がかかります。有料老人ホームと「サ高住」の市場では、月額20万円台の支払い能力のある所得層への供給は飽和状態になって、10万円台後半にマーケットを拡大し、さらに今は10万円台前半。つまりかなり低所得層までマーケットを拡大しないとベッドがうまらない状況になっていると聞きました。だから、どんどん価格帯を下げていっていると思います。

訪問介護について言うと、このあたりから「不適切利用」の指導が入り、同居家族がいると生活援助が利用できなくなるような抑制が増えました。

小島　２００６年、最初の法改正頃の、早い時期から始まっています。

上野　１回目の改定から利用抑制が始まった。それにはあきれましたね。施行初年度にはあれほど利用の掘り起こしをやっていたのに。

小島　発足当時は不況の時代でした。建設業界は介護保険が始まった当初に認知症グループホームに目をつけ、地価が安い大都市圏周辺部に開設し都心部の認知症高齢者が大移動、最初の介護保険法改正で地域密着型サービスのカテゴリーがつくられたのもこの事情があってと聞いてます。だから群馬や埼玉北部などにグループホームが雨後の筍のようにできてしまって、すぐに規制に入って、地域密着型を思いついて地域の人しか入れなくしたのです。群馬県などはけっこう早い段階で県外からの入居を制限しましたね。

第5章

介護保険があらわにした介護の現実

介護保険のめざした地平、意図した効果

上野　介護保険は、意図した効果と意図しなかった効果の両方をもたらしました（図20、21参照）。意図した効果は、権利意識の芽生えです。これはよかったほうの効果です。日本の納税者は増税には猛烈に抵抗しますから、保険と言いくるめたわけですが、40歳以上の全国民強制加入、給料や年金から天引きの実質増税でした。それであれだけの規模の市場ができました。介護業界の人材はこの市場があったからこそ育った人材だと思います。

小島　もちろん、そうです。けれども、2000年あたりは高卒も含めて若い世代が大挙して介護業界に入職してきました。その人々の定着率が低い。なぜかと言えば大切にしなかったから。あの頃、高卒3年目の21歳女性が認知症グループホーム管理者研修に来てびっくりしました。制度上は可能ですが、間もなく不正請求などで取りつぶしにあったコムスンからでした。あの人たちをしっかり育てられる制度だったら、今は経験20年超のベテランがあちこちで活躍していたはずでした。措置時代と比較すれば人材は育ちましたが、あたら惜しい人材を失ってきたのも事実です。私の法人だって2003年に二十数人だったのが今は100人を超えていますし、誇ってよい有能優秀な中堅・若手スタッフが育っています。

図20　介護保険の意図した効果

1 権利意識の向上

2 実質増税効果
➡介護サービス準市場の成立と拡大

3 ケアワークの有償化（女の不払い労働から有償労働へ）
➡ただし低賃金、不安定雇用

4 家族介護の実態暴露
➡高齢者虐待防止法

「家族の闇にサーチライトが入った」（樋口恵子）

図21　介護保険の意図せざる効果

1 施設志向（姥捨てスティグマの解消）
その後、在宅型系が増加（高齢者世帯、単身世帯の増加）

2 応益負担による利用抑制（低所得層のサービス低下）

3 低額サービスへの利用集中➡介護事業所の経営難

4 認知症高齢者への対応の困難

上野　初年度約4兆円規模、20年後には約13兆円規模、それだけの財源を40歳以上の全国民の懐から無理やりにひねり出したわけですから、それだけの効果はありました。

もう一つ、あまり介護保険の研究者が言わないので、私は必ず言うことにしているのですが、「ケアはタダじゃない」という常識が国民に定着したこと。

小島　ほんとうに、そうです。けれども、低額がずっと続いている。それこそ『アダム・スミスの夕食を作ったのは誰か？――これからの経済と女性の話』（カトリーン・マルサル著、高橋璃子訳、河出書房新社）じゃないけど、可視化されない労働ですから、政策決定者が低額で当然と考えている節があります。

上野　これも大きな効果でした。他人様にお世話を頼めば、タダじゃすまない。いったん労働に対価が発生すると、それまでの「タダ働き」は何だったんだとなります。ただし、有償になってもケア労働は低賃金、不安定雇用の状態が現在も変わりません。女が家でタダ働きさせられるのを「私的家父長制」といいます。外に出て対価を伴う労働になっても低賃金なのを「公的家父長制」といいます。家の中でも外でも、家父長制がはびこっているんですよ。

もう一つ、さんざん理想化されてきた「家族介護ってそんないいものなの？」という問いが立って、虐待やネグレクトなど、家族介護の闇が可視化されたことですね。高齢者虐待防止法（2005年）もできました。

小島　けっこう早かったですね。

上野　樋口恵子さんのセリフですが、介護保険で「家族の闇にサーチライトが入った」。名言です。

家族が閉じた関係の中で介護すると何をしているかわかったものじゃない。虐待はあるわ、ネグレクトはあるわ、場合によっては殺される、こういうことが見える化してきた。それはよかったことです。

小島　40〜50年前に実際私も見た光景ですが、農家の寝たきり高齢者は朝枕元にお茶と握り飯おいて、家族が野良から帰ってくるまで放っておかれました。薄暗い納戸の湿っぽい布団にくるまって。こうするしかなかったのです。こんな実態だったのに家族介護の美風というのか、と「亀井発言」を聞いてあきれました。都会の中産階級でお手伝いさんの一人ぐらいはいて、というところを標準に考えていたのでしょう。

意図せざる介護保険の効果

上野　とはいうものの、意図しない効果もいくつか出てきました。蓋を開けてみたら、施設ニーズが意外にも高く、姥捨てスティグマがあっという間に解消された。

介護保険の一番大きな問題は税方式でなく保険方式になったことで、しかもサービスが応能負担でなく応益負担になったことです。障がい者団体が猛烈に反対したのはここですね。24時間介助を受けなければ生きていけない障がい者もいます。応益負担なら、呼吸するのにもお金がかかるのかと、彼らは抗議しました。応益負担になったために、低所得者層については、措置時代と比べて、明らかにサービスが低下しました。たとえ応益負担でも購買力さえあれば問題ない。問題は高齢者世帯に購買力がないことです。くりかえしますが、それは年金制度の欠陥で、介護保険制度の欠陥ではありません。

介護保険施行の前後をご存じの小島さんにぜひお聞きしたいんですが、私は助け合いサービスが介護事業になっていった移行期をずっと見てきました。最初、ホームヘルプは家事援助と身体介護の2本立てになって、その報酬格差が大きかったですね。

小島　身体介護が4020円程度、家事援助が1530円台、2倍強でしたね。

上野　意図せざる効果の一つは、低額サービスに利用が集中したことです。当たり前です。そうなると小島さんのおっしゃるとおり事業所はどこも軒並み赤字。身体介護が高め設定でしたが、家事援助、今は生活援助と呼んでいますが、この報酬額を低くしたことが問題となっています。介護現場の人たちは、一貫して生活援助と身体介護の二本立てをやめて、一本化してくれという要求を出しています。私が「一本化した後、報酬をいくらに設定したら、皆さん、納得されますか?」と聞いてまわると、これがすごく慎ましいんです。「一本化して3000円台にしてくれたら何とかなります」と。これをどう思われますか?

小島　いや、もうちょっと高いほうがいいでしょうね。今、身体介護が加算を入れないで1時間未満で3960円台。生活援助も同価格にするとして、自己負担の問題も出てくるので3500円ぐらいでしょうか。

上野　3000円台の後半だったらいいわけですね。

小島　そう。サービス事業者は慎ましいんですよ。考えることが。

上野　一本化して3000円台後半ぐらいだったらやっていけるとおっしゃる方は多いです。現場の方に聞いたら、身体介護はマニュアル化できるが、生活援助はマニュアル化できないと。

小島　あれは大変なんです。家によって道具も置き場所も違うし、掃除機も冷蔵庫もない家があったりするわけですから。介護に要する時間は施設を標準にしていますが、とんでもない。身体介護も同様ですが、生活援助はフラットでバリアフリー、道具もそろっている施設と同様に考えることはできません。

私のところのヘルパーではないですが、お金がない利用者さんで買い物もまかされていて、一食100円の材料費で調理するヘルパーの話を聞いたことがあります。最近は時間短縮でそんなスキルは発揮できなくなっています。

上野　ほんとうにそう。私もヘルパーさんの現場を見たことがありますが、今やほぼすべての家に電子レンジがあるけれども仕様が全部違います。私はレンタカーに乗りますが、どんな車種でも標準化してあるので、一応乗り回せます。電子レンジはそうはいかない。いちいち利用者さんに使い方を説明してもらうこともできない。それをどの家に行っても使いこなすんですから、どんな頭してるのと感心しました。

小島　いつか我が家でヘルパーを集めてご飯して、片付けだけしてくれたんですね。何の指示もしないのに、綺麗に元あったところに戻っているんです。その人の家の台所の構造が一目でわかるんです、何がどこにあるか。

上野　一目でわかるその構造に、家によって何の整合性もない。個人個人の思いつきとこだわりでやっているわけで、たとえば洗った茶碗はどこに戻すかなんて、その人その人の勝手なのに、それに全部適応しているんですからすごいです。

小島　利用者によっては、「我が家のやり方と違う。言うことを聞かないヘルパーはやめてくれ」みたいな話になったりしますからね。

上野　すごいスキルだと思いますよ。「女なら誰でもできる」と思っているオジサンたちに「あんたもやってみろ」って言いたいです。

小島　自分の家のことだけ好きなようにやっているのと話が違うんだと言ってもわかんないの

よね。オジサンだけでなく、姑のような目つきでヘルパーの家事を「見張っている」元主婦の利用者さんにも是非わかっていただきたい。

上野　はい、プロの仕事は違います。

その結果が現在の人手不足に繋がってきているわけです。ホームヘルプの種類を二本立てにした理由と、その間に報酬格差をこれだけつけた理由はどうしてだと思いますか？

小島　やっぱり給付抑制じゃないですか。何をやっているかというのを、けっこううるさく問われましたからね。

上野　身体介護はあの当時にしては破格の報酬額でしたね。

小島　私もそう思います。

上野　事業者が圧倒的に少なかったから、事業者の参入を促すためのインセンティブをつけたというのが厚労省側の言い分でした。生活援助との格差が大きすぎます。

小島　結果的に、最近いわゆる大手は平気で生活援助はやりませんという。

上野　その通りです。私がお付き合いした弱小事業所は「大手がやらない低額サービスが私たちのところにまわってきます」と。

小島　そうなんです。

上野　小島さんの現場も、私が見てきた現場とあんまり変わりませんね。

小島　そうでしょう、変わりませんね。局地的ではなく、どこでもそんな状況ですから。

介護保険法の改悪の黒歴史

上野　次に、介護保険改定の黒歴史を見ていきましょう。図にしてみました（図22、23参照）。

小島　「走りながら考える」と始まったのに、これです。

上野　私が唖然としたのは1時間単位の報酬をどんどん細分化したことです。単価は変えないけれど、単位を変えて20分とか、40分とかに細切れにしていきました。そのたびにヘルパーさんは余裕を失い、利用者とのコミュニケーションがとれなくなっていきました。そういう汚い手を使って、ちょっとずつ使えなくしていく。そして不適切利用の指導で制約を次々に加えました。3年に1度の改定ごとにマイナス改定で、まさに黒歴史です。

小島　生活援助の最小単位が20分以上45分未満になったとき、洗濯機が回り終わらない、と言われたものです。その後一日の家事が1時間で済むなんてありえないのに、一日複数回の生活援助は実質的にできない仕組みにされました。

上野　2023年に予定される史上最悪の改定もその黒歴史の延長線上にあるわけですが、私たちが抗議集会をやったときにあるジャーナリストから「どこが最悪なんでしょうか？　これ

図22　介護保険法改悪史

2000年4月	介護保険制度スタート
2005年	要介護１を要支援１・２へ
2006年	虐待、死亡、心中増加を背景に「高齢者虐待防止法」が施行されるも、その後も虐待件数は増加
2008年	コムスンによる介護報酬不正事件が契機となり、「法令順守」を名目に、「事業所指定取り下げ」などの規制強化
2010年	「高齢者住まい法」の誕生により､「居住」と「サービス」の分離、高齢者の「囲い込み」が生じるように
2014年	合計19の関連法が改定。要支援の訪問介護と通所介護は総合事業へ。特養は要介護3以上、個室ホテルコストと食費負担の条件設定。所得に応じ2割負担に
2017年	市区町村の介護改善に交付金、障がい・児童福祉と共生サービス、所得に応じた3割負担に
2020年	高額介護サービス費の支払い基準額アップ、住民税非課税世帯のショートステイ、施設の食費負担額アップ。インセンティブ交付金の倍増など
2023年	前回見送られた、要介護1と2の総合事業への移行、ケアプランの有料化、2割り負担の対象者拡大などの改悪が目論まれている

図23　介護保険報酬改定（3年に1回）

2003～2006年（第2期）	2.3%引き下げ。自立支援、介護予防、訪問介護の生活支援は報酬減額。身体介護増額。
2006～2009年（第3期）	2.4%引き下げ。要介護1は要支援移行で限度額減額
2009～2012年（第4期）	3.0%引き上げも地区加算で増減
2012～2015年（第5期）	1.2%引き上げも、実質マイナス0.8%
2015～2018年（第6期）	2.27%引き下げ。2割負担、補足給付、要支援の地域移行
2018～2020年（第7期）	消費税増税で介護度別限度0.39%引き上げ
2020～2024年（第8期）	0.7%引き下げも、うち0.05%は新型コロナウィルス対応分
2024年～(第9期)	他産業の賃上げや物価高を上回る報酬引き上げの気運はみられない

服部万里子「介護保険　翻弄され続けた20年」をもとに上野作成（上野千鶴子、樋口恵子編『介護保険が危ない！』岩波ブックレット、2020年）

までとどこが違うんですか？」って聞かれました。小島さん、それにどう答えます？

小島　（笑い）介護現場から見て、やってはいけないことのオンパレードになったと。

上野　そのとおりですが、私は「我慢の限度を超えた」と思いました。

小島　そうでしょうね。それは正しいと思います。だけど、やってもらいたくないことのオンパレードという判断は、ずっと追いかけているプロの目でないとわからないかもしれません。

上野　とくに悪質だと小島さんが思うものは？

小島　そうですね、一つ二つではなく、あれもこれも、ですが。総合事業に訪問介護と通所介護を変えるとか、ケアマネは無料から有料にするとか、サービス利用料を原則2割負担にするとか、とんでもないのがすべて並んだ感じです。

特養にホテルコストを導入

上野　私が、初期の頃に「ふざけやがって！」と思ったのは、個室特養にホテルコストを導入した2006年の改定です。高齢者の尊厳を守るといえば、個室が前提なのじゃなかったの、と。

小島　そう言いましたよね、介護保険始まった時は。

上野　高齢者施設は病院じゃない、暮らしの場だから、個室が前提と言って、2003年に新型特養*以外には補助金を出さないと厚労省は宣言しました。事業者の皆さんが意気揚々と全室個室特養をつくったところ、わずか3年で、手のひらを返しました。

小島　そうです。2階に上げてはしごを外されたとみんな言っていました。

上野　唖然としました。これでは、事業者は怒ります。しかも、そのホテルコストも馬鹿にならない額。1室7万円ぐらいします、地方でそんな費用を払える人はいません。厚労省はこういう朝令暮改を平然とやってきました。

個室に居住費をかけるというのは、施設介護は個室がデフォルトではないということです。つまり、病院の差額ベッド料と同じ。今度は多床室まで室料を取るようですね。ほんとうにむちゃくちゃです。

小島　なんでも取れるものは取ってやろうという姿勢がはっきりしてきました。

上野　そもそも施設介護とは居住が前提で、その居住も個室が前提だろうと思います。

＊新型特養：従来の特別養護老人施設（特養）のように相部屋ではなく、居室は個室。10部屋程度をユニットとして、リビングやキッチン、浴室などを共有。在宅に近い居住環境で、利用者の個性や生活のリズムに沿った日常生活を営めるようにケアを行うことから新型特養と呼ばれる。福祉大国スウェーデン生まれで、日本でも2001年度から整備が進められ、2017年度では全特養の43・6％を占め、2025年度には7割以上を目標としている。

小島　このマイナス改定でどれだけ私は苦労したか。

２００３年に私たちはＮＰＯになりました。ここで独立したらどれだけの収入になるかを計算して、お金も借りて、返済計画も立てました。だいたいそれまで計算通りになってきたのですが、２００３年のマイナス改定２．３パーセントですべて狂いました。「介護保険バブル」は２００３年まででしたね。独立したとたんに介護報酬は下がる、借金返済の予定が狂う、ひどい目に遭いました。

上野　ゲーム盤に乗せてからルールを変更する、最低のやり方です。

小島　ひどいでしょう、後出しジャンケンもいいとこです。だから長期計画なんて立てられない。建物の改修、新入職員の教育、すべてお金がかかってくるわけですが、報酬をマイナス改定にされたら、計画の立てようがない。ですから、この間の改定は、事業者にとって対応のしようがないことをしてくれた歴史なんです。

上野　そういうことは、事業者としては大きな声で言ってください。

小島　言ってきました。言ってきたけれど、あまり届いてないですね。

上野　こうやって振り返ると惨憺たるものですね。

小島　夜中に目が覚めて、頭の中で電卓を叩きました。借金返せるかな、給料払えるかなと。

上野　同じ頃のマイナス改定で、私の知っている事業者さんは、ヘルパーさんに頭を下げて回ったと言っていました。

小島　でも、私はヘルパーさんに頭下げるわけにいかない。少なくとも給料は減らせない。自分のことで言うと、2003年にNPOを作ったとき、代表の私の年収は300万円です。そうじゃないとやっていけなかったんです。だからかなりの年限、けっこうな金額の貯えを取り崩しましたね。

上野　今、代表の年収はおいくらですか？

小島　今、600万円ぐらいです。倍になりました。4億円近い事業やっているんですけれども。

上野　男性事業者が同年齢で同じようなことをやっていればもっと高額の報酬を受け取るでしょうね。

小島　2000万円はとるでしょうね。でもそうじゃなければ、回らないんです。

上野　そういうやりくりも、もう限界を超えたと、今回怒りが爆発したわけですね。

小島　残念ながら、代表が2000万円の報酬をもらえるような経営方法に疎いので。でもそのおかげで、他の事業所より常勤比率を高くしています。そんな努力も改悪で無に帰します。

第6章

史上最悪の介護保険改定を許さない

史上最悪の今回改定の中身

上野　介護保険が生まれて22年目の2022年の秋、史上最悪の改定が目論まれようとしました。さすがに黙っていられないと危機感を感じて、樋口さんや私も小島さんたちと組んで、抗議のアクションを起こしました（図24参照）。ここからは、その集会で明らかにし、反対していった介護保険の今度の改悪についてテーマごとに整理したいと思います。

小島　改めて振り返ると、よくやりましたね、ほんとうに。

上野　コロナ禍のおかげでオンライン化が進んでいたということも、やり切れた大きな要因です。多様な立場の人たちに全国各地から参加してもらえましたし、会場費がかからないからコストもかからなかった。最後の集会のアクセスは1万人を超しています。全5回のアクセスはのべ4万超。リアルなら1万人以上が集まる集会は東京ドームじゃないとできません。

オンライン化はコロナ禍のポジティブな効果と言えますが、愚痴をこぼさせていただきますと、介護業界の人たちが「私、オンライン得意じゃない」「できない」の連発だったのには参りました。結局、私がバックヤードをお引き受けするハメになりました。

小島　すいません。

図24　史上最悪の介護保険制度改定を許さない!!

介護保険誕生から22年の秋 史上史最悪の改更に反対する連続アクション

1. 自己負担2割を標準にするな
2. 要介護1・2の訪問介護、通所介護を地域支援・総合事業に移すな
3. ケアプランを有料にするな
4. 福祉用具の一部をレンタルから買い取りにするな
5. 施設にロボットを導入して職員配置を減らすな

上野　私たち大学業界の人間は、リモート授業になって、「私、できない」なんて言ったらクビですよ。

小島　それはそうでしょうね。最低限のことはやってきたつもりですけれども、上野さんが要求するレベルに到達していなくて。でも、ほんとうによく頑張ったと思います。やってよかったと実感しています。

上野　そのきっかけは、あのメールの一言。小島さんのつぶやきでした。「このまま、ほっとくんですか?」。それが２０２２年9月でした。

小島　それでも10月には第1回が始まったわけですから怒涛の進撃。しかも上野さん、無謀にも、3回の予定が、4回目をやるとか言いだすし。

上野　そうです。それができたのは２０２０年の前史があったからです。この活動をやっておいてほんとうに良かったと今さらながらに思います。

図25　在宅が危ない！

「在宅（おうち）がだんだん遠くなる…」（樋口恵子）

2020年1月14日衆議院議員会館
「介護保険制度の後退を許さない！」怒りの集会

介護三人娘
樋口恵子
大熊由紀
上野千鶴子

小島　コロナ禍の直前でしたね。

上野　ほんとうに直前でした。このときにネットワークを作っておいたんです。

小島　ネットワークができていたおかげで、これだけのことがやれたんです。

上野　3年間のコロナ禍で皆さんも疲弊していましたが、このネットワークが再起動できたんです。いきさつを少し申し上げておきますと、きっかけは樋口さんと私の立ち話でした。２０２０年の改定もひどくて「これ、やばいですね。ほっとくわけにいかない。じゃあ一緒にやりましょうか」と。

　よかったのは樋口さんが「高齢社会をよくする女性の会」という受け皿をつくってくださっていたことと、レイトカマーとして私が理事長を務める「ウィメンズアクションネットワーク」というもう一つの受け皿があって、インフラと人材があったこと。それがとても大きかったです（図25参照）。

今回の抗議アクションのスタート当初は、何が起きているかほんとうはよくわかりませんでした。何が起きてたんでしょう。改めて解説をしてくださいますか。

小島　今までも何回となくチラつかせていたんですが、ここで国が一挙にいろんなものを並べてきましたね。

一つめは、自己負担の標準2割化。今までは標準が1割だったわけで、所得によって2割、3割がありましたが、それを倍にするという無謀な提案が出されました。

二つめは、要介護1、2の訪問介護、通所介護の総合事業化というものですけど、これはとんでもない話で、サービス給付ではなくなるんです。これは入り組んだ話なのであとで少し丁寧に説明します。

介護保険の給付は被保険者が要介護認定（要支援認定も含みますが）を受けていればサービス給付は権利、介護保険会計を組んでいて上限まで達しても補正を組んで提供しなければなりません。

ところが「総合事業」の場合、権利ではなくなる。サービスが受けられるから一緒ではないかと思われてしまいますが、総合事業は予算の上限が設定されていたら、そこまでで「もう提供できません」と言える。そして、要支援認定者には先んじて実施されていますが、訪問介護

＝訪問サービスと呼んでいますが、介護保険の場合は初任者研修受講以上のヘルパーが提供していて、こちらは数日間の簡易な研修で提供できます。ところが低賃金で知られる訪問介護にもっと低報酬のカテゴリーを作ったのですから担い手は増えません。実態としては動いていないのに、要介護1、2にまで広げようとしている。しかもこの認定ランクの方々には認知症の初期段階から中期にかけての方々が含まれ、サービス提供側に知識と介護スキルがもとめられるのです。

三つめは、ケアプランは開設当初から有料にしない、入り口は無償にするという理念だったのに、これも有料にしたいという。

四つめは、福祉用具はその一部ですけれど、貸与から買い取りにする。

五つめは、ロボットの話は今回の改正案ではありませんが、これを目論んだ中身になっています。ロボットを購入して職員配置を減らせと言っている。

こういうものを一気に出してきたのです（159ページの図24参照）。

総合事業化によるサービスの質の低下

上野　「総合事業」についても解説してください。普通の市民には理解できないようですから

図26　総合事業って何？

〈一般介護予防事業（65歳以上全員）〉

介護予防・生活支援サービス事業（要支援1.2）、訪問介護、通所型（デイサービス）、生活支援サービス、ケアマネジメント

〈総合事業〉

1 従前の訪問・通所介護相当（身体介護、生活援助）、介護事業所担当、75％相当低賃金

2 A型（生活援助のみ）　緩和した基準によるサービス／無資格・研修修了者、低賃金

3 B型（生活援助のみ）　住民主体によるサービス／無資格ボランティア、ボランティア価格（地域、最低賃金？）

市民の善意につけこむ安あがり福祉？

（図26参照）。

小島　これは、とても厄介なんです。総合事業というのは介護予防・日常生活支援総合事業の中に位置づけられているものですが、介護保険の給付とは別に、自治体事業としてあらゆるものがるつぼのように投げ込まれています。要支援段階の介護保険の根幹であるサービスも入れました。

まず予防の段階、要支援1と2の人たちを、「訪問介護と通所介護」と「訪問サービスと通所サービス」という形にしました。いろんな意味でハードルが低くなって新たな事業者が参入しやすくなった。必然的にサービスの質が低下します。

それから、ヘルパーになるには資格が必要ですが、この資格を2日か3日の簡易な

研修で取らせて、その分安上がりのサービスにしようと目論んだ。ですが、実際に誰も担い手がいなくて、結果的には「従前相当」といって、介護保険相当に近い報酬も高いほうに全部行ってしまっているのが実態です。

実は総合事業になったことで、もうサービスを受けられていない要支援の人たちがかなり出ていると言われていますし、私もそういう実例は聞いています。実際、要支援の人たちを、我が方の訪問介護事業所でも、要介護レベルの方々のケアに手いっぱいで受けられないようになっています。大問題のはずですが、あまり取り上げられることがない。

上野　市民の善意につけ込む安上がり福祉、と言われています。

小島　そうですね、その通りです。だけど善意につけこもうにも善意を発揮する人たちがいないんです。

上野　そうでしょう。問題なのは、「訪問介護と通所介護」は「生活支援サービス」なのに、それを介護保険から外したいようです。最終的には介護保険サービスを「身体介護」だけに限定して、「生活支援」を外したいという、元々厚労省がやりたかったことが露骨に出てきたという感じがします。「生活支援」は介護保険でやることじゃないだろう、地域のボランティアでやりなさい、と。

小島　コロナ禍中のこの3年、ボランティアどころか隣近所の方と会うことさえできない、閉じこもった生活を強いられました。一方、訪問介護事業所のヘルパーたちは休むことなく、補償もろくろくないのに感染者宅の訪問まで行っています。すべての事業所、すべてのヘルパーではないにしても。この一事を見ても、ボランティア頼みの危うさはハッキリしています。

上野　その通りです。

「介護保険を使わないあんたが偉い」⁉

上野　介護予防事業には前史があります。それを小島さんがご著書に怒りをもって書いておられました。

小島　はい。介護保険は介護サービスを提供することが基本です。ところが、あるときから介護予防事業というものが始まり、最初の改定で出してきたのですが、切り分けを始めて、介護保険の財源を使って、いろんなことを始めたわけです。

地域支援総合事業と言いますが、認知症支援や介護予防、「認知症カフェ」、「集いの場」、それから「体操教室」などさまざまなことがぶち込まれていきました。それは本来はいわゆる老人福祉事業や保健事業の範疇で、介護保険の対象ではありません。介護保険は要介護認定を受けた方たちにサービスを給付するのが本旨で、介護保険法にちゃんと明記されています。それなのに、そうしたもろもろをどんどん拡げていって、結果的に本来のサービスの量は減らされる。だけど、そこの危険がよく理解されていない。

上野　その結果、図19（136ページ）にあるような介護予防・日常生活支援総合事業の支出が増えていったのですね。どうして、そんなことが通ったのですか？

小島　実はあのとき、皆さんが、歓迎したんです。反対した私たちはへそ曲がりだと思われていたでしょう。

上野　私は、その考え方の元には、介護保険にいう高齢者の自立支援というお題目があると思います。自立支援の意味は「介護保険を使わないあんたが偉い」「介護保険から卒業するのが自立」ということで、それが介護保険の目標になる。たとえば要介護3の人が2になり、2の人が1になることにインセンティブを付けてくれという要求が自治体から出てきました。

小島　和光市が、そのモデルケースです。

上野　和光市が「介護保険から卒業しよう」キャンペーンをやった裏に不祥事があったと聞きました。小島さんの本を読んで「そうだったのか」とわかったのですが、その説明をしていただけますか。

小島　これは介護保険始まって以来の最悪の事件でした。介護保険から卒業するために要支援の人たちにさまざまなプログラムを提供し、要支援から卒業していくようにする。なんとバカラまでありました。なんでそんなもので元気になるのかよくわからないのですが、それをやって要支援の方たちが要支援でなくなると卒業証書をくれるわけです。

それはおおむね、70代後半か、せいぜい80代の初めぐらい。後期高齢者の初めぐらいの方たちで、まだ回復力のある人たちです。

和光市では明らかに要介護認定が低くでるよう誘導をしていたことが後でわかってきます。和光市は要介護認定率が低いということを数字で出していたのですが、そこにいろんな操作がされていると。

上野　全国のモデルケースになっていましたね。

小島　それが誇らしかったようです。和光市は特殊な自治体で、埼玉県の中で一、二を競うほど高齢化率が低い。今でもまだ18パーセントです。地下鉄の延伸でマンションがどんどん建って、若い勤労世代が入ってきた。東京都との境界になるので、比較的裕福で、担税力もある人たちなので、埼玉県ではトップクラスの富裕自治体なんです。

ですから、普通の自治体だったらやれない介護保険への一般財源からの組み入れをやっていました。それもひそかに組み入れていた。それで介護度が上がらない、介護保険料が安い自治体ということで、予防をすれば介護保険を使わない人たちがどんどん増えてくると誇っていたんです。

そんなことないのです。70代後半でいったん介護を卒業しても、80~90代になれば、必ず戻ってきます。わかりきった話なのに、どうしてこんな施策に乗っかるんだろうと見ていました。最初の介護保険改正で介護予防が登場したとき、介護保険の創設にかかわった多くの人々が賛同されましたね。２０１２年1月に「高齢社会をよくする女性の会」に和光市の担当者を招き、その報告を聞いて称賛していたのを私は見ています。だれも要介護状態にはなりたくない、その気持ちに付け込んだと言ってよいと思います。でも、「だまされたのだから怒ってください」とお願いしたいです。

上野　その後、和光市をモデル自治体にして、自治体の要介護認定率の低さを競う競争が始まりましたね。認定率が低い自治体ほど優秀だと。

小島　インセンティブをつけました。その補助金も介護保険財源から出ています。あざといと言いますか。和光市モデルといわれるものが虚構だと知られるようになったのは、立役者の元福祉部長、一時厚労省に出向して介護保険法改正にも関与した人ですが、その人が詐欺と窃盗で逮捕されたことがきっかけです。その後懲役7年が確定しました。称賛してきた研究者の中には、「彼は悪者だが和光市方式は間違っていない」と言っていた人もいましたが、彼が退場したら認定率も介護保険料も県内の他の自治体と変わらなくなったのです。こう話しているだけで怒りがわいてきます。

認定率を低める自治体間競争

上野　認定率を低めるという競争の中で、要介護認定を厳しくする水際作戦も出てきたのじゃありませんか。

小島　和光市に要支援認定してもらえなかった人がしばらくして認定を受けたら要介護2や3になっていたという話がけっこう聞こえてきました。

上野　だから私は、要介護認定率は客観性がゼロの政治的な基準であって、日本にいったい要介護高齢者が何パーセントいるかという数字はまったく意味のない統計だと思います。

小島　そうですね。恣意的な数字です。

上野　しかも基準をどんどん勝手に動かして、要介護1を要支援1、2にシフトさせる。それで要介護認定率を下げたりしています。ゲームをやっている最中にルールを変えるという汚い手を、厚労省はずっとやってきたんです。

小島　和光市だけでなく総合事業をめぐっては、「?」と思うようなことがいろいろ起きました。要支援認定者が利用できるサービスはいくつかに分かれているのですが、その中でB型と呼ばれるカテゴリーは地域のボランティアが開設できます。しかし最近の要支援認定者は介護保険開始時に比べ重くなっています。それを専門職がいない場で、ということ事体、危ないなと思えるのですが、気の良いＮＰＯの方々が気軽に利用できる場は必要と乗ってしまう。とはいえ、新座市には一つもなく、全国的にもほんの少数です。問題は関わっている地域のＮＰＯが、これが介護保険の財源から出ていることを知らないのです。

財源に対する無知、関心のなさは問題です。「介護保険財源だとは知らなかった」と発言した方には、「知らないあなたが悪い」とはっきり申し上げました。ずいぶんキツイ言い方ですが。

上野　自分たちはいいことをやっていると思っている。

小島　そうです。介護保険をカバーするためにやっていると思っていて、逆に介護保険を悪くしているとはつゆほどにも思わない。行政がそう思うように誘導しているとも言えます。だいたい公的保険サービスをボランティアが提供するってへんでしょう。

利用者の２割負担で様変わりする介護現場

小島　怒りのあまり話が脱線したかもしれません。今回の「史上最悪の介護保険の改定」に話を戻しますと、利用者の２割負担という案が出てきました。標準が１割負担だったものを、標準を２割負担にしようということです。

今でも2割負担になっているのは、合計所得が単身で280万円、夫婦2人だと346万円、3割負担は1人で340万円以上、2人で463万円。そういう基準があります。ともかく標準2割負担ということは全員、これまでの倍の利用料を払わないといけなくなる。そして標準2割負担化は今回の改定では次期改正に先送りされましたが、2割負担、3割負担の基準額が引き下げになる可能性が大きく、さらに反対を続けなければなりません。

上野　厚労省は報告書で「2割負担は2015年にすでに始まっているが、特に利用抑制は見られなかった」と言っていますが、これについてはどうですか。

小島　これはね、見える形で利用抑制は起きていないです。だけど、私たちのところでもやっぱり記憶している限り5、6人の方がサービス利用をやめました。

上野　それは統計に出てこないんですか？

小島　もともと2割負担、3割負担対象者は、古くて済みませんが平成31年（二〇一九年）1月分の調査によれば、全国の要介護・要支援認定者（65歳以上のみ）のうち、2割負担者は5・3パーセント、3割負担者は4・0パーセントと少数なのです。

統計に出てくるほどの数じゃないだけで、出てきているはずです。特養ホームに入っている妻が2割負担になり、在宅で暮らす旦那さんは1食にしました、という話は聞こえてきましたし、今もいらっしゃるはず。

図27　特養利用料はどれだけ上がる？

神奈川県M施設の月額入居費用（介護費＋居住費＋食費）

	要介護１	要介護２	要介護３	要介護４	要介護５
月額（円）（30日で計算）	271,752	296,375	322,811	347,788	372,048
利用者１割負担	27,176	29,638	32,282	34,779	37,205
利用者２割負担	54,351	59,275	64,563	69,558	74,410
利用者３割負担	81,526	88,913	96,844	104,337	111,615

提供・社会福祉法人「いきいき福祉会」小川泰子氏

特養は高額所得者か生活保護受給者しか入れない

上野　利用者負担が2割に上がれば、特養入居費用も跳ね上がります。社会福祉法人いきいき福祉会ラポール藤沢の施設長だった小川泰子さんが、2割負担になった場合の費用負担を試算してくださいましたが、このデータはすごいですね。特養は金持ちしか入れなくなります（図27参照）。

小島　すでにホテルコストの負担などが重く、特養でさえ入れなくなっている。

上野　すでに2015年に入居条件の厳格化で、入居条件を要介護3以上にしました。そのせいでいっきょに待機高齢者数が減ったけれども、これも数合わせのようなものです。その中には、すでに2割負担になっている人もいます。負担が重くなって、家族の要求で個室から多床室へ移ったお年寄りもいたようです。

小島　3割負担の人だっています。

上野　そうなると、特養に空きが出てくるでしょう。

小島　かつてのように、待機者がいなくなっています。金額を知ると申し込めなくなっているんです。

上野　最近、特養の関係者の中から、もう一度入居条件を緩和して、要介護1、2も入れるようにしてほしいという要求が出ているようですが、これはどう思われますか？

小島　要介護1・2も入れたほうがよいです。まず改善すべきは、ホテルコストを自分持ちにしていくことで入りにくくしていったこと。

特養は最後の砦だったわけです。それが入れなくなるという事態は非常に危険だと思うので、もう一回そこを考えないと駄目だと思います。

上野　施設の関係者に聞くと、高額所得者か生活保護受給者のどちらかしか入れないと言います。

小島　そういうことになってきます。中間層がいなくなっています。

上野　そういう現実を、一般市民は知っているんでしょうか。

小島　知らないでしょうね。

上野　その気になれば入れると思っているようですね。

小島　そう。最後の最後は特養ホームがあると思っています。いざ入所を希望する段階でビックリすることになります。

上野　おまけに入居条件の厳格化で、待機高齢者の数が統計上減ってきているから入りやすいと思っているようです。

小島　たしかに入りやすくなっています。「あら、もう入れたの」って話はいっぱいありますよ。しかし、それは入れるだけのお金がある人たちですけどね。あるいは生活保護。

上野　それだけの負担額だと民間有料老人ホームとあんまり変わらなくなってきますね。

小島　変わらないですね。

上野　なるほど。こうやって制度がどんどん骨抜きになっていくんですね。これもびっくりしたんですが、後期高齢者医療保険の窓口負担が昨年10月から2割になりました。医療保険に合わせて介護保険も2割負担にしようという議論が出ているようですが、どういう理屈なのでしょう。

小島　何もかも上がって、どうやって生きていけと言うのか。昨今はすさまじい物価高で、それだけでもタイヘンです。年金生活者には今さら収入を増やす手立てはありません。

ケアプラン作成費用も2倍に

小島　ケアプランの有料化も許せない改悪です。ケアプラン作成は入り口なのに、相談に行って金を取られるなんて信じがたい。介護保険は言ってみれば福祉政策の一環なわけだから、福祉政策の入り口の相談のところで金を払うなんて、とんでもないことです。有料になるということで二の足踏む、サービス利用をためらう人が増えてきたらどうなるんですかという問題です。

上野　要介護認定は受けたけれども、ハードルが高くて次に行けないという人が出てきます。

小島　すでにいっぱい出てきています。認定を受けた人の約2割、100万人を超える人が利用してないのですが、その理由は公式にきちんと調査されてないんですね。いくつかの自治体では調査がありますが、国レベルではまだ行われていない。簡単なことなんだからやればいいのに、知られたくない事実が出てくるからでしょうね。家族の介護で何とかしているという理由か、サービス利用料の支払いがキツイという理由だと推測されます。

上野　あの手この手で利用抑制しているんですよね。ほんとうに、手口が汚いです。

福祉用具はレンタルから買い取りへ

小島　今回の介護保険制度の改悪の動きでは、福祉用具のレンタル制から一部買い取りが目論まれました。今回先送りになりましたが、また出てくるに決まっているので若干説明しておきます。福祉用具のレンタルでは、きちんとしたマネジメントが必要なんです。杖一つでも適不適があって、5000円と3000円のものがあったら多くの人は3000円の杖を買ってしまうでしょう。身体の状態に合っていない不適切なものかもしれないのに。それが、貸与であれば、返して新しいものに替えることができます。

ですから、用具の適切な使い方をきちんと指導してもらうことが大切です。杖の先についているゴムが劣化しても、それを誰かがチェックすることもなく、事故の原因になるということも聞いています。

こういう説明が事前にあれば、確かにこれは買い取りじゃいけないと理解できるんですね。福祉用具は要介護高齢者のまさに大事な杖なわけですから、買い取りにすることからしておかしいと思います。

職員不足、ICT化、施設がヤバイ

小島　今回の介護保険制度改悪には、AIやロボットなどを使った省力化の動きがありました。

上野　2020年1月の集会には、施設系は巻き込みませんでした。私や小島さんは在宅系なので、施設に行きたい人はどうぞと思っていたんですが、その施設もヤバくなってきていて、こちらも我慢の限界を超したという危機を迎えています。ですから今回、2回目の10月9日のアクションには施設系をとりあげました。

小島　それはだいぶ前から言われていました。職員が足りないものですから、建てたものの開けられない。特養ホームの待機者が多かった時代からそう言われていましたが、それが常態化してしまって、ともかくお風呂にもきちんと入れられないみたいなことが起き始めています。

特にこの間、コロナの洗礼を受けなかったところなんてめったにないわけで、これだけ疲弊しているのに、ICT化でさらに職員を減らしていいよと言う。

私はICT化を否定するわけではなく、それは必要なところに使えばいい。ただそれは人減らしのためではなく、介護職員の労働が楽になるため、入居者の生活の質を上げるためでないと意味がない。今まじめな施設で「3対1」でやっているところなんてないわけです。まともなところは「3対1」に加配して何とか回しているのに、「3対1」の報酬しか来てない。だから苦しいと言っているのに、ICT化やロボット導入で「4対1」にするという実証実験が始まっています。

損保ジャパンが実証実験に手を挙げているので、そこの本社前でデモをやろうという人たちもいますから、私も参加しようかなと思っています。

国は人手がないんだからICTに任せればいいと言いますが、人手の足しにはならないです。排尿間隔を知らせる機器があっても、オムツを取り替えたり、トイレに連れて行くのは職員です。ロボットが立ち上がりを知らせてくれたからといっても駆け付けるのは職員です。大間違いのことを今、大真面目でやろうとしている。

上野　施設の人手不足を配置基準緩和で解決しようなんて奇策を、よく思いついたなと啞然としました。

小島　私は、実証実験に手を挙げた会社の人たちが、自分のところの職員に一度でも聞いたことあるかって聞きたいですね。

上野　人件費コストが一番施設経営を圧迫しているのは事実ですから、人件費コストを抑制したいという施設経営者の利害があると思います。それなら、損保ジャパンが手を挙げたこともわかります。この基準緩和には全国老施協（公益社団法人全国老人施設協議会）が抗議声明を出していますが、彼らは信用できますか。私は基準緩和は経営側の利益に合致しているのではないかとあやしんでいるのですが。

経営者の利害と施設の職員の利害とは必ずしも一致しませんね。

小島　利益を上げることだけで考えれば一致しませんね。

上野　経営者の中には人件費コストを抑制するために配置基準緩和を歓迎する人たちだっているでしょう。人手不足を解消するために施設職員の労働条件を改善する代わりに、この手で来たかと開いた口がふさがりませんでした。

今回私たちは、抗議のアクションに施設系の方たちにも声を掛けました。彼らも危機感をお持ちで、快く参加していただきました。

小島　どの方の話もすごく危機的な内容でしたね。

上野　現場の状況を具体的に、克明に示していただいて、リアルな危機感が伝わってきました。お年寄りを預けている利用者家族も知らないことばかり。なぜメディアはこれを報道しないのかと。

小島　私がメディアの人たちと話をすると、いいところは取材させてくれるけど、悪いところはどこも取材させてくれないと。家族が面会に行けば、ケアの良し悪しぐらいはわかります。でも、おかしいなと感じても口に出すのははばかられる人が多いのでは。

上野　これは、施設の内部を知らなくても、政府の動きですから、見ていればわかります。

小島　政府の方を突っ込めばいいんですね。

上野　そうです。記者会見に来るのは、20~30代の若い記者。初歩的で無知な質問をしてくるというのが私の実感です。

小島　介護保険の改定のたびに電話をかかってきて、各社がみんな同じ質問をしてきます。でも、あれだけ保険のシステムが複雑になると、わからなくて当たり前だろうと思います。初めのころはもっとシンプルな制度でした。わからないと役人に言いくるめられてしまいかねない。よくわかっていない若い記者が、生半可に取材して政府の筋書き通りの記事を書く、これはどの分野でも同じなのかもしれません。専門性の高い記者を育ててほしい。

医療系も巻き込む

上野　翌11月10日の集会には医療関係者を巻き込みました。このところ私は在宅医療系のシンポジウムによく招かれるようになりました。私が「在宅ひとり死」を唱えているからでしょう。そういうシンポジウムには医者と看護職と利用者家族はいるのに、ヘルパーが登壇することがほとんどない。訪問医療を支えているのは、高齢者の在宅生活を支えている訪問介護であることを自覚していないのか、多職種連携と言いながら、介護職を呼ばずに在宅系のシンポジウムをやっていいのかと思います。
　現場のヘルパーさんたちに聞くと、ケアカンファレンスに医者が出てこない。それから医療と介護のあいだにはヒエラルキーがあって、現場では看護師が威張っているという話も聞きます。看護師には志の高い方もいらっしゃいますが、ヘルパーから見たときの訪問看護師はけっこう評判がよろしくない。
小島　こちらの意見をなかなか言いにくいというのはあります。でも、ターミナル期なんかは圧倒的に介護の方が多く入っているわけです。
上野　その通りです。
小島　もっとヘルパーの役割を理解してもらいたい。そのためには、ヘルパーの質も上げて、少なくとも訪問看護師に要望を正しく伝えられるスキルを磨かせたい。
上野　経験値が上がっているベテランの介護職は十分にスキルをお持ちです。私は、看護職の研修に呼ばれると、嫌がらせを言うんです。「あなたたちは介護職の方たちよりも高いお給料をとっておられますよね。その給料の格差を正当化するだけの、介護職にできず、看護師にしかできない、どんな特別のスキルをお持ちですか」と。そうすると、たとえば「患者さんの容態の変化が予測できます」「こういう状態のときにはこういう処置をすればいいとちゃんと判断できます」とおっしゃる。

私はさらに食い下がって「でもそれぐらいのことだったら、利用者さんの変化をずっと見ておられる、ベテランの介護職の方にもおできになるでしょう」と聞いたら、「その通りです」とおっしゃいます。当たり前じゃないですか。

小島　（笑い）注射はできないけど。

介護職ができることと、看護職しかできないことの境界があいまいになっているのです。たとえば痰の吸引は介護福祉士にも許されるようになったのですが、「鼻腔口腔内」ととても浅いところまでしかできません。解剖学を学んでいませんから医師や看護師が行うのと同じことはできないのです。そこは看護・介護ともよくわかっていないといけないと思います。訪問看護は報酬単価が高いから、低報酬の訪問介護で補うなんてことではありません。

上野　看護職と介護職の間にあるこれだけの待遇格差を正当化する、どれだけの根拠があるかと聞くと、答えに詰まる。私は心から、介護職の労働条件が看護職並みになればいいと思っています。

ともあれ、この回でとてもよかったのは、訪問看護師さんの発言が大変リアリティがあったことと、パラメディカルである理学療法士さんと薬剤師さんの話が面白かったと。医者の話より評価が高かったですね。

小島　それは、そうです。医者の話は散々聞いていますから。

改悪は押し戻した。あえて勝利宣言を！

上野　ここで介護保険制度の史上最悪の改定に反対する連続アクションを図にまとめてみました（図28参照）。こうしたアクションを起こして、今回の改悪の内容はほとんどが「先送り」になりました。11月18日の院内集会では、「私たちが改悪を押し戻した！」と報告できるようになりました（図29参照）。

小島　成果といっても、全部ペンディングですから。厚労省もやめましたとは言っていないので。

上野　3年前のときも「先送り」でした。

小島　そうそう、だからずっと先送りさせていくしかないと思いますが、緊張は続きますが、やった甲斐がありましたというのが結論です。

上野　施設系の問題を除けば、ほぼすべての課題が先送りになりましたね。私たちのアクションの効果があったかというと、因果関係は証明できませんが、厚労省が改革案を小出しにしてはこちらの顔色をうかがいながら引っ込めたんだろうと……。

発言者：中野一司「ケアなくしてキュアなし」／古屋聡「地域は滅亡に向かっている」／堂垂伸治「介護保険が患者さんを支えている」／宮崎和加子「困る！!困る‼ 困る!!!」／花戸貴司「家族がいなくても看取れる地域を」／中村悦子「訪問看護師は多職種連携のパシリ」／寺本千秋「暮らしを支える介護保険？」／畑中典子「訪問薬剤師は医療の無駄をなくします」／小笠原文雄「介護保険がいのちを救う」／参加者からの意見

院内集会および記者会見
衆議院第一議員会館　地下1階大会議室

日時11月18日（金）14時～16時　ハイブリッド開催
司会：上野千鶴子（認定NPO法人ウィメンズアクションネットワーク）／柳本文貴（NPO法人グレースケア機構）
〈1部　スピークアウト〉
趣旨説明：小島美里(NPO法人暮らしネット・えん)
介護保険、どこが危機か？：服部万里子（NPO法人渋谷介護サポート）
寸劇　藤原るか／伊藤みどり／佐藤昌子（訪問介護ヘルパー国賠訴訟原告）
富山からの発言　惣万佳代子（NPO法人この指と一まれ）／阪井由佳子（NPO法人デイケアハウスにぎやか）／高口光子（元気がでる介護研究所）／大熊ゆき（医療福祉ジャーナリスト・国際医療福祉大学院教授）／春日キスヨ（社会学者）／石井英寿（宅老所石井さん家）
佐々木淳（医療法人社団悠翔会）六車由美（ユニット・デイサービスすまいるほーむ）
結城康博（淑徳大学教授・社会保障政策）／櫻庭葉子(京都ヘルパー連絡会)／参加者からの発言
認知症人と家族の会から（署名キャンペーン・アピール）
抗議声明：樋口恵子（NPO法人高齢社会をよくする女性の会)
〈2部　記者会見〉

＊以上の集会の模様は以下のYouTube動画で閲覧できます。
第1回10/5～総論　https://wan.or.jp/article/show/10259
第2回10/19　https://youtu.be/MCf1HdjjtzY
第3回11/3　https://youtu.be/dXL7N86I1_Q
第4回11/10　https://youtu.be/E1Jj7tU0UUo
11月18日院内集会＆記者会見　https://www.youtube.com/watch?v=rFzkye0VJ60

図28 「史上最悪の介護保険制度改定を許さない!!」連続アクションの概要

第1回オンライン集会
～総論、利用者の原則2割負担と
　ケアマネジメント有料化を中心に

10月5日(水) 19：00～21：00
コーディネーター：小島美里(NPO法人暮らしネット・えん)
メインスピーカー：服部万里子(NPO法人渋谷介護サポート)
発言者：上野千鶴子(認定NPO法人ウィメンズアクションネットワーク) ／袖井孝子(NPO法人高齢社会をよくする女性の会) ／鈴木森夫(公益社団法人認知症の人と家族の会) ／柳本文貴 (NPO法人グレースケア機構) ／参加者からの意見

第2回オンライン集会
「要介護1、2の総合事業移行、福祉用具の買い取り」を中心に

10月19日(水) 19：00～21：00
コーディネーター：中澤まゆみ (ケアコミュニティ　せたカフェ)
メインスピーカー：日下部雅喜 (大阪社会保障推進協議会・ケアマネジャー)
発言者：浜田きよ子 (高齢生活研究所) ／沖藤典子 (NPO法人高齢社会をよくする女性の会) ／植本眞砂子 (ＮＰＯ法人高齢社会をよくする女性の会・大阪) ／花俣ふみ代 (公益社団法人認知症の人と家族の会) ／参加者からの意見

第3回オンライン集会
介護施設の職員配置基準をICTで引き下げることはできない

11月3日19：00～21：00
コーディネーター：池田　徹 (社会福祉法人生活クラブ風の村特別常任顧問)
メインスピーカー：本間郁子 (Uビジョン研究所理事長)
発言者：高口光子 (高口光子の元気が出る介護研究所代表) ／坂野悠己 (総合ケアセンター駒場苑施設長) ／小川泰子 (社会福祉法人いきいき福祉会) ／若手ケアワーカー／参加者からの意見

第4回オンライン集会
訪問医療・看護の現場から
～介護力がなければ在宅医療はできない

11月10日19：00～21：00
コーディネーター：上野千鶴子 (認定NPO法人ウィメンズアクションネットワーク)

図29　介護保険制度　今後の見通し

●見送り

サービス利用料「2割負担」の標準化

ケアプラン（介護サービスの計画）の有料化

要介護1・2の人が利用する訪問介護（生活援助サービス等）通所介護を介護保険から切り離す

施設に入る低所得者への食費や部屋代の負担を軽くする補助（補足給付）の見直し

●2023年夏までに結論

サービス利用者のうち「3割負担」の対象拡大

●2023年度中に結論

介護老人保健施設と介護医療院の多床室の室料を全額自己負担に

●人員基準の弾力化（ICT活用で職員減らす）

私たちがここまで押し戻した!!　しかし油断は禁物

小島　いや、真意はわかりません。でも私たちが立ち上がり、反対運動が盛り上がったからだと言わなきゃいけないと思います。

上野　私もそう思います。だから、あえて勝利宣言をしてもいいぐらいだと思っています。その上で引き続き闘いをつづける旨の「声明文」を出しました（図30参照）。

小島　やったぜ！って言わないといけないと思うんですね。黙っていたら、提案のどれかはやったでしょう。

これまでそんなことはして

図30　声明文

高齢者の暮らしと人権を守るために
介護保険改悪、なんとか押し戻しました、が、まだまだ油断はできません
2024年度開始する介護保険第9期の改正に向けて、年末12月20日、社会保障審議会介護保険部会の答申が公表されました。次期改定のために介護保険部会に付された改正案は、給付の削減と負担増を露骨に押し出した史上最悪の改定案でした。これが実現したら、介護保険制度は持続しても、要介護高齢者の生活は破壊されます。私たちは10月から11月までの２か月の間に、「史上最悪の介護保険改定を許さない‼」と銘打って、計4回のＷＥＢ集会、1回の院内集会を開き、要介護当事者、介護家族、介護サービス事業者、医療関係者等、関係者の怒りの声と改定案に対する危惧を訴えました。負担が増した上にサービスを削減して要介護高齢者はどうやって生きろというのか、負担増で利用者がサービス利用を抑えれば事業者の収入が減り経営がなりたたなくなる、在宅医療は介護保険サービスがあってこそ可能と、強い危機感から各方面の関係者が参加して反対の意思を表しました。当日参加の他にYouTube配信し、のべ４万回超のアクセスを得て、現在も反響を拡げています。
その結果、私たちが「史上最悪！」と指摘した改定案のうち、要介護1、2の訪問介護・通所介護の総合事業への移行（介護保険サービスからの排除）とケアプランの有料化は今期見送りとなりました。私たちが反対の声を上げた成果だと、ひとまずは勝利宣言をしたい思いです。しかし、利用料2割負担対象者の拡大、高所得者の1号保険料の負担見直しについては、今年夏までに結論を出すとしていますから、まだまだ油断はできません。これまでの改正では「高所得」の基準を示さずに見直しを行ってきました。また年収基準を低くすることで2割負担の対象者拡大することを狙っているようですが、昨今の異常な物価高騰は、年金生活者を直撃しています。負担増は直ちに利用抑制につながるでしょう。必要なサービスが得られなければ、要介護高齢者の生活は崩壊します。施設にも入れず、「在宅」という名の「放置」を招くでしょう。
また、通所介護と訪問介護の複合化、ロボットの導入による人員配置基準の緩和や「科学的」介護の推進など、生産性や効率化に名を借りながら、現場の実態をないがしろにした労働強化につながっていることも見逃せません。このままでは介護職員は疲弊するばかりです。
防衛費の増額には多額の公費を投入することをためらわない国が、介護保険に対しては「制度の持続可能性」を盾に負担の増加と給付の抑制を図るばかり。国家の安全保障より人間の安全保障が優先されるのが当然です。誰もが安心して老後を生きられる社会をめざして、公費負担を拡大し、介護労働者の処遇を改善し、必要なサービスが必要な対象に届くような抜本的な介護保険の改正を強く求めます。

史上最悪の介護保険改定を許さない‼連続アクション参加者一同

こなかった老人施設協議会など複数の事業者団体が反対の声明を出したくらいでしたから、そこまでひどかったってことですよ。

上野　ところで、今回改悪を先送りにした政府の理屈がひどい。厚労省のペーパーによると、医療保険を2割に上げたところだから、介護保険の2割負担は見合わせようと。少し前までは、医療保険を2割に上げたからそれに合わせて介護保険も2割に上げようと言っていたのに、同じ理由からまったく反対の結論に因果関係が結びつく。この人たちの理屈と膏薬は、後からどこにでもくっつくようです。

小島　ともかく、その時々のこちらの顔色を見ながら出したり引っ込めたり。都合がいいときにまた出してきて、いずれやる気だなと見ています。

上野　だったら、ちゃんと国民の顔色を見て判断してくれよと思います。

小島　そうですよ、私たちも、もっと顔色を見せてあげないといけない。特にこれから要介護になっていく団塊の世代の方々は、がんばっていただきたいです。重ねて言っておきたいですが、先送りしただけです。まだまだ頑張らなくっちゃならない。

政府のシナリオ「再家族化と商品化」を撃つ

上野　もう一度、政府の狙いを整理しておきましょう。政府の狙いは小出しにするのでその全貌が見えにくいですが、だいたいシナリオが読めてきました（図31参照）。給付と負担のバランスの名において、給付を抑制し、負担を増やすのが意図です。そのためにまず利用者を要介護度3以上の重度者に限定して、要介護度1、2を介護保険からはずし、さらに生活援助を介護保険からはずして身体介護に限定し、利用者負担を所得に応じて2割、3割へと増やし、ケアプランを有料化して介護保険利用のハードルを上げ、制度はあるけれど使えなくしていく。これを制度の空洞化と言います。

小島　そして、今後また新しい形の「貧困ビジネス」が登場してくると思います。生活困窮者向けの共同住宅で多数の焼死者がでる事件は繰り返されていますが、なんら抜本的な対応はしません。「居住福祉」が貧弱なのです。

上野　効果は利用抑制とサービスの質の低下です。

介護保険は、ケアの社会化の一歩でした。一歩に過ぎなかったので、高齢者介護のすべてを公的責任にしたわけじゃありません。

図31　政府のシナリオ

対象者の制限　要介護3以上の重度者に限定

軽度者外し　要支援および要介護1、2の訪問介護とデイサービスは地域支援事業へ（自治体丸投げ／報酬単価が安い／受け皿なし）

利用制限　生活援助はずし／訪問介護の利用制限

利用者負担増　所得に応じて1 割、2割（単身世帯で280万円〜）、3割負担（340万円〜）➡原則２割負担へ（9割が1割負担から2割負担へ／要介護5で月額約7万円）

ケアプラン有料化　制度が複雑すぎる／利用のハードルが上がる／ケアマネの淘汰が起きる／ケアマネの合格率が低いのに志望者がますます減る

狙いは利用の抑制で制度維持

介護保険=ケアの社会化（脱家族化）の第一歩
➡その改悪の帰結は？

再家族化（介護離職／高齢者虐待／ヤングケアラーの増加）

商品化＝介護保険の「混合利用」のススメ（私費サービスの購入、内需拡大）

どちらもなければ「在宅」という名の「放置」

老後の沙汰も金次第！

「社会化」は「家族化」の反対語なので「脱家族化」とも言います。家族の負担を一部公的責任にアウトソーシングした、その恩恵を日本国民は味わったのですが、これが改悪されると、その帰結はどうなるかというと、2つのシナリオがあります。

一つは介護負担をもういっぺん家族に押し戻す「再家族化」です。これは介護離職を招いたり、高齢者虐待やネグレクトを生むでしょう。家族の中で何が起きているかわかったものじゃない。家族は闇、家族は危険な場所かもしれない、と思ってもらわないと困ります。

もう一つが、「市場化」です。日本の高齢者が小金をため込んで放出しない。コロナ対策特別定額給付金の10万円も溜め込んで、結局、内需拡大効果があまりありませんでした。なぜか？　老後が不安だからです。80代のおばあさんが数千万の貯金を貯め込んで「おばあちゃん、なんで使わないの？」と聞くと、「老後が不安」と言う。そういう不安な社会を日本がつくってきたために、暮らしの防衛のためにはお金を貯めるしかない。さきほどから小島さんがおっしゃっている通り、介護保険はここまでしか使えないという上限があります。それで足りない分は自費サービスを使いなさい、貯め込んだお金を放出しなさい、という財務省の狙いでしょう。医療保険では認めない混合利用を介護保険には認めましょうと、厚労省は自費サービスのモデル事業のパンフレットまで作りました。

ですから厚労省の狙いは「再家族化」か「市場化」か、そのどちらかです。それで起きるのは「老後の沙汰も金次第」。それでは、金も家族もいない私はどうなるのというと、「在宅」という名の「放置」です。私たちはコロナ禍の最中に、「在宅療養という名の放置」の惨状を目の当たりにしました。それでいいと、政府は思っているのでしょう。

小島　いいと思っているというか、考えようとしていないでしょう。

上野　政策決定をしている人たちは、自分はそうはならないと思っているのでしょう。

小島　何とかなると思っている人たち、お金もある人たちだから。

上野　制度はあるけど使えないというのは、小島さんも書いておられたけれども、保険者と保険加入者との間の契約違反ですね。私たちはずっと保険料をとられているのですから。

小島　そうです。多くの人が介護サービスを使い始めるのは80歳以上、それまでに保険料は40年ぐらい払うことになります。

上野　だから、契約違反だとはっきり言うべきなんですよ。

第7章

「在宅ひとり死」は可能か

『あなたはどこで死にたいですか？』が教える現実

上野 では、そろそろ、私の喫緊かつ深刻なテーマである「今の日本で、在宅ひとり死は可能か？」の話に入りましょうか。この問いをめぐって、私は『おひとりさまの老後』（文春文庫、2003年）や『在宅ひとり死のススメ』という本を書きましたが、小島さんが昨年『あなたはどこで死にたいですか？』を著わされ、私はツイートでこの本を絶賛しました。

小島 実は驚いたのです。腐《くさ》されるとは思っていなかったのですが、褒めてくださるとはまったく思っていなくて……。どこが良かったのか、上野さんに聞きたいと思ったのです。

上野 小島さんのように介護事業を運営するキャリアを重ねている人にちゃんと現場からの情報発信をやってほしいと前から思っていました。そもそも介護職からの発信が少ない。一方で、医療職は、カリスマドクターやナースがどんどん本を書いていますよね。医療界は、発信力がすごく大きい。

ツイートにこう書きました。「介護保険の後退と危機がミクロレベルの現場、メソ（中間）レベルの事業者、マクロレベルの制度にわたって周到に赤裸々に暴かれる。介護現場からの声を伝えるこんな本が欲しかった」と。介護をはじめ社会福祉系の研究者には、制度論や政策論を論じる人たちはいっぱいいます。また、介護現場の感動的な話を書く専門職もいっぱいいます。ところが制度と運用の間にギャップがあるというのは当たり前で、みんなそれを知っているはずなのに、現場の感動話を書く人たちは自分たちの実践がどういう制度によって支えられているのかといったことは書かないのです。

逆に、制度・政策論の人はあまり現場を知らない。マクロの制度・政策とミクロの現場をつなぐ本というのは、意外とないんです。そういう意味では、待ち望んでいた本が出たと感じました。これまでの介護保険制度の改悪が現場にどのような影響を与えたのかを、ここまで克明に描いてくださった本はありません。やっぱり現場で制度をよく知っていて、その限界に振り回され、つらい思いをし、事例をよく知っている小島さんのような方じゃないと書けない。だから「よくぞ書いてくださいました」と思いました。それが私の最初の感想です。

小島 ありがとうございます。

「ひとり死」にいくらかかるのか?

上野 では本の宣伝はこれくらいにして(笑)、まず、「ひとり死」にかかる費用を実例から見ていきましょう。

これは岐阜県の小笠原文雄医師の著書、『なんとめでたいご臨終』（小学館、2017年）に出てくる上村さんという90代、独居、認知症のおばあちゃんの亡くなられるまでの費用負担です（図32参照）。

医療保険の1割負担、介護保険の1割負担、そして自費サービス。トータルでこれだけの費用がかかっています。いくらかはかかるが、いくらもはかかりません。この程度ですんでいるとも言えます。

どう考えても、政府が在宅誘導するのは在宅介護が安上がりだからです。政府の不純な動機ははっきりしています。

小島　もちろんそうです。

上野　本人の懐から出る金額はこの程度で済んでいるわけですが、これが2割負担になると倍になりますね。

小島　そうです。

上野　小笠原先生から朗報を伺いました。「ボクね、独居の在宅看取りの経験値が上がったから、自費サービスなしでできるようになったよ」とおっしゃいました。

小島　それについては、私は疑問があります。NHKの番組でやっていましたが、たとえばお掃除に看護師やヘルパーらしい人がスゴイ数で入って片付けてる。これ、どういう計算で請求

図32 介護保険だけで「在宅ひとり死」ができる

上村さんが亡くなるまでの3カ月間の自己負担額

		1月分31日	2月分28日	3月分17日
医療保険	医師	64,480	67,670	200,920
	薬代	14,200	12,200	11,600
	看護師			61,300
	小計	78,680	79,870	273,820
	自己負担	7,860	7,980	8,000
介護保険	看護師	9,710	31,000	
	ヘルパー	296,290	275,000	227,380
	居宅療養管理料	2,900	2,900	2,900
	小計	308,900	308,900	230,280
	自己負担	30,890	30,890	23,028
自費	ヘルパー	36,820	42,310	
	交通費			150
	死亡診断書等			20,000
	小計	36,820	42,310	20,150
合計		424,400	431,080	524,250
実質の自己負担		75,570	81,180	51,178

医療保険の自己負担は後期高齢者医療限度額適用・標準負担額減額認定証を保持の場合、1ヵ月に在宅8000円が限度(金額は当時のもの)

小笠原医師の発言

「小笠原内科での最近4年間で独居の看取りの在宅医療費（医療保険+介護保険+自費）について調べたところ、一番費用が高くなる傾向にある亡くなる当月でもがん患者（43人）は約５万2000円、非がん患者（15人）は約3万2000円程度でした」
「在宅医療費が減らせるということは、国の負担も減るということ、それは子や孫の代に負担を残さないことであり、だからこそ、在宅ホスピス緩和ケアが日本を救うということだと思うのです」

（2022年１月、HAA（日本在宅ホスピス協会）ニュースレター170より）

するんだろうと思いました。

上野　小笠原クリニックが職員を派遣しています。

小島　それはタダ働きでしょう？　患者の負担もないわけでしょう？　普通、そんなことしてくれるところはないですよ。

上野　有償の自費サービスだそうです。

小島　まずは金額を知りたいですね。非常に特殊だと思いました。「だから小笠原先生のそばにいる人はいいいな」って話になっちゃう。

上野　小笠原さんを主治医にしたいと言って岐阜に引っ越しなさる方もいらっしゃるそうです。

小島　少なくとも、あそこだからできている。あの掃除、あれだけの人を投入して、たとえばヘルパーだけでやっていたら何日もかかるし、自費でやったらすごい負担になる。

善意は尊いことかもしれないけれど、他のところでそれを要求できますかって話ですね。

上野　小笠原さんの新刊『最期まで笑って生きたいあなたへ』（小学館、2023年）には、独居看取《みと》りに自費ヘルパーが入った割合が減少しているというデータがあります。現場の経験値が上がれば、それも可能ではないでしょうか。実績が示しています。小笠原さんが何ておっしゃったかというと、やっぱり、介護保険があったからこそ在宅看取りができるようになったと。

小島　それはそうです、その通りだと思います。私の経験とケアマネからの聞き取りでは、生活援助の回数制限（おおむね1日1回以上入ったケアプランは自治体に届け出る）が始まって以来、生活援助のみのプランを避けるために「ともにする家事」として身体介護に変更したり、身体介護に加えて生活援助を乗せるような形で届け出を避けています。このことによって以前より時間あたり報酬単価は上がり自費分も増える。ケアマネやヘルパーの経験は上がっていて工夫もいろいろしていますが、このような締め付けが在宅介護を困難にしています。また繰り返しますが、訪問ヘルパーの絶対数が足りないので、必要なだけのケアを入れられない状況が起きています。

上野　介護保険がない時代には、在宅看取りは難しかった。ましてや独居の在宅看取りなど、想像することもできなかった、と。

小島　介護保険以前に医療が関わるような在宅看取りは確かになかったと思いますが、私たちは医療の関わらない在宅看取りを経験しました。

上野　医療が関わらないというのはどういうことですか？　そういう場合、その方の死亡診断書は誰が書くんですか？

小島　その方の場合は急変して救急車を呼んで、救急車の中で亡くなったので問題なかったのです。

上野　そういうことですか。やっぱり救急車を呼ぶのですね。今ならどうしますか？

小島　何らかの形での医療は入れただろうと思いますね、プランとして。

上野　でしょう。だから私は思うのですが、介護保険23年間の進化の中で介護に支えられた在宅独居の人たちがこれだけ増えたことで、医者も進化したと。

小島　それはそうだと思います。

上野　実際、全国各地に看取りのカリスマドクターがいますし、医者の経験値も上がりましたし、ナースの経験値も上がりました。そういう意味では、介護保険23年間の歴史は、確実に現場の人材を育ててきたと思います。介護保険がなければ成り立たなかったことでしょう。

小島　ですから、この火を消したらいけないのですが、今危ないところにきている。

上野　おっしゃる通り。

小島　私も「できる限り在宅で最期まで」と思っている人間なんですが、介護保険のこの間の成り行きを見ていると、それをできなくする方向に動いてきました。

たとえば、今のところ適用は少数の「サ高住など」ということですが、訪問介護が介護度毎の基準額の4割を超えるケアプランは自治体にチェックされる規制が始まっています。これでは要介護5でも1日に2回のオムツ交換程度しか入れられない。「使い過ぎ」を是正するという理屈ですから、いずれ訪問介護全体に波及させるでしょう。

すでに、それ以上のサービスを受けたいんだったら自費でどうぞという仕組みになってしまっているんです。

これを以前のように、少なくとも介護保険をギリギリ介護度別の支給限度額いっぱい使えるように押し戻していかないといけません。とはいえ、今一番深刻なのは訪問介護で、ヘルパーがどんどん減っていく。だから、在宅看取りのプランをたててもヘルパーがいないと言うことになる。通常のケアプランでもその通りに配置できないことなんですね。1日3回入れたくても1回しか入りませんということが起きている。

寝たきりでも1回しか入らなかったら、1回しかオムツは替えられない、食事も1回だけということになる。こうなるとネグレクト、虐待です。

ケアプランを立てても、お金があっても、ヘルパーを入れられない。そこまで来ているわけだから、これをともかく押し戻さなければいけないのです。

定期巡回・随時対応型は救世主にならない?

上野 いつもそこに引っかかるのだけど、定期巡回・随時対応型短時間訪問介護看護*を使えないのでしょうか?

小島 定期巡回を使えば可能ですけど、その「定巡」だって要介護5じゃなければ一日3回なんか入らないです。我が法人の小規模多機能では、多い月で500回くらいの訪問サービスに行っておりますが、これは報酬との見合いでいえば不採算になります。ちなみに定期巡回はやっていません。

定期巡回をやるにはともかく職員数が足りないし、また必要なだけのケアを提供すれば採算割れします。市内にある定期巡回はサ高住だったか住宅型有料との組み合わせですが、そこからおこぼれの分が在宅に回ってくる程度です。全国津々浦々にそういうものができてくればいいんですが、報酬とのミスマッチもあって採算がとれないから誰も手をつけないという現実があります。

上野 結局、報酬問題に行き着くわけですね。

小島 そうです。

上野 私が介護保険の進化の中に加えたいのは、サービスメニューが増えてきたことです。目の前のニーズに応えた市民の興した事業の中で、かつてなかった新しいサービスのメニューを増やしました。その一つが「小規模多機能型居宅介護」で、もう一つが「定期巡回・随時対応

＊定期巡回・随時対応型訪問介護看護：定期的な巡回または随時の通報で利用者の居宅を訪問し、24時間365日、必要な介護・看護サービスを必要なタイミングで提供する制度。

型短時間訪問介護」です。どちらにも看護がついて、看多機こと看護小規模多機能型居宅介護と、定期巡回・随時対応型訪問看護介護ができました。ですが、いずれも事業者泣かせの制度であったために、志と理念はよくても、事業者が増えませんでした。地域格差が大きいという現実もあります。これらがあれば、独居でも在宅で死ねます。そういう制度をつくってきたのじゃないですか？

小島 定期巡回をうまく使えば可能でしょうね。きちんとした志の事業所が付いてくれればということですが。

上野 事例はあります。

小島 あるでしょうね、当然。うちは定期巡回をやってないので私は知らないのです。

上野 無理だから手を出さないのでしょうか？

小島 だって、訪問看護も持っていませんから。

上野 訪問看護事業所と連携したらいいでしょう。

小島 訪問介護の中で一部定期巡回をやることはできると思いますよ。ただ在宅訪問介護だけでも人がいないのに……。訪問介護の方が地域のニーズははるかに高い。そこを満たすことさえ危うい状況です。

上野 小島さんが今やっていらっしゃる事業形態ではできないと。

小島　そういうことです。

上野　こういうサービスメニューとその担い手がいれば、理論上、在宅ひとり死はできます。実際に多いとは言えませんが、実践上も事例が積み重なってきています。そのことは証言しておきたいと思います。

小島　それは否定しません。だから、やはり報酬とのミスマッチの問題ですね。

それと、小規模多機能施設を運営してわかるのは、きちんと訪問と泊まりをちゃんと提供できるだけのスキルを持ったところが少ないのです。市内の他の小規模多機能でも要介護１だから、１週間に何回というふうに組んでいますね。どれだけ提供してもしなくても一か月ごとの定額制サービスであるのも事業所格差を生みます。

上野　おっしゃる通りで、事業所や担い手によって格差があるのは事実です。そういうサービスの担い手がいるところといないところに、地域差が大きいということもまったくその通りです。けれど、介護保険は地方自治の名のもとに、地域格差があってもＯＫという理念でスタートしました。それなら自治体と市民の努力も必要ではないでしょうか。

小島　それも否定しないけれども、在宅看取りができるところにお住まいの方はラッキーでしたねという話になっちゃう。

上野　それができるような地域を努力してつくってきた人たちも各地にいらっしゃいます。

小島 それは私たちも頑張ってやってきました。そこは自信を持って言えます。問題は、採算度外視か補助金がたくさん入っているモデル事業などの先進例をモデルにして新しいサービス類型を作ってきたことです。小規模多機能しかり、グループホームしかり。いざ介護保険のサービスメニューになると、あの素晴らしいモデル事業とは似て非なるものになってしまう。

上野 介護保険制度を論じている専門家の間で、問題の答えはとっくに出ています。原因はすべて報酬単価が低すぎることです。報酬と負担と責任の重さとのミスマッチ問題。介護職の処遇改善のためにも、要するに報酬の設定が低すぎたことが根本的な原因だということはわかっています。報酬単価が低すぎるということは、結局財源問題なのです。もう何年も前から、介護保険は財源問題1本に絞り込まれたという専門家もいます。

日本の国民負担率はOECD34カ国中27位。介護保険料を上げるか、介護保険に投入する税金の比率を上げるか。いくつか選択肢はありますが、そのためには、減税も消費税廃止も選択肢としてありえません。これが防衛費となると増税をやる気満々なわけで、福祉にはお金を出さない。介護は高齢者の安全保障ですよ。

小島 防衛費は10割国庫負担、税金が財源です。

上野 政治の問題なんですよ。私はケアの値段、とりわけホームヘルプはなぜ安いかをずっと考えてきました。なぜこれほど低い報酬設定になっているのか。在宅支援型のサービスがこれだけ低い不利な条件に設定されているから、非常に素晴らしいメニューがあっても担い手が増えないし、担い手の離職率も高い。

小島　どう考えても理由はたった一つしかない。すべて、1本につながっています。

上野　つながっています。なんどでも繰り返しますが、ケアは、女がやってきた「タダ働き」だからです。だからこんなもんでいいだろうと思っている人たちが制度設計をしてきたんです。その人たちはケアをしたこともなく、これからやる気もなく、やらなきゃいけない立場に立つという想像力もない人たちでしょう。

小島　政治を変えないと。

上野　ケアする側の処遇がこの程度でいいということは、つまりケアされる側の年寄りの扱いもこの程度でいいと、彼らが思っているということです。

小島　その通りです。

上野　生産性のなくなった年寄りは、早く死ねと。『PLAN75』といういやーな映画がありますが、そこにある設定も後期高齢者になったら自分で選択して安楽死せよというものでした。最近ではイエール大学准教授とかいう成田悠輔という若い男性の「老人は集団自決せよ」という発言が大炎上しましたが、自分たちもいずれ歳をとるとは考えないのでしょうか。浅はかですね。

小島　人間を生産性だけで評価する。文化も芸術も生まれない薄っぺらな考えです。

上野　在宅推進派の私は今、「在宅という名の放置を認めるのか」と批判されます。在宅が決して安心できる条件ではなくなってきているからです。それをまざまざと目の前で見せつけられたのが、コロナ禍のもとの在宅療養という名の完全放置でした。それが年寄りの運命として見える化しちゃったわけです。

小島　そこに赴いたのはヘルパーたちです。

上野　その通りです。ギリギリのところを支えてくださったのはヘルパーさんたちでした。

小島　それなのに屁理屈つけて、訪問ヘルパーたちにコロナワクチン接種の優先さえしなかったんですよ、この国は。

上野　ほんとうにそうです。介護はこの程度でよろしい。介護を受ける年寄りもこの程度の待遇でよろしい。そんな政治をやってきたのがこの日本です。

高齢者の声が届かない。日本にも退職者協会（AARP）を！

上野　考えてみたら、65歳以上の介護保険利用当事者の声が政策に反映される政治の場がまったくありません。介護保険だって高齢者の団体が自分たちのために作った制度ではありません。

日本は長い間、老害政治、長老支配が続いて批判を受け、政党が公認候補者の70歳定年制の内規をつくりました。

小島 70歳以上は立候補できないし、ただ黙って投票するだけです。

上野 社会保障審議会の介護保険部会にさえ、利用者の声はまったくありません。れいわ新撰組が重度の障がい者を次々に国会に送り込みました。高齢者だって、車椅子に乗ったまま、国会に行けるはずです。70歳定年制は再考すべきかもしれません。

小島 介護保険部会は、暗黙に70歳定年なんです。70歳になった委員の方が、肩叩かれたんだけど、余人をもって代え難いというか、その団体からは替わりが出せないと頑張って残った話も聞いています。

上野 「何事も私たち抜きに私たちについて決めないで」というのは障がい者インターナショナル（DPI）の標語ですが、障がい者は闘って権利を勝ち取ってきました。高齢者については、今その声が反映される政治の場がゼロです。今回、抗議のアクションをやってみて課題として挙がってきたのは、声を上げる当事者団体がないということです。

小島 そうなんですね。だから、老人党みたいな団体をつくればどうですか？

上野 アメリカ退職者協会（AARP）は会員数3600万の大組織です。共和党も民主党も支持せず、政党支持は明らかにしないまま、両方に影響力を行使しています。政策集団もつくっています。日本にはこのような高齢者の当事者団体がありません。かつて老人党をつくった作家のなだいなださん*みたいな人もいましたが、結局、老人党は名前だけで消えていきました。

私はヒューマンケア協会代表の中西正司さんとの共著『ニーズ中心の福祉社会へ――当事者主権の次世代福祉戦略』（医学書院）を２００８年に出版しました。そのとき、介護保険と支援費制度の利用者７００万とその家族を入れて約２０００万人の受益者団体「ユーザーユニオン」をつくろうということになり、話を高連協（高齢社会ＮＧＯ連携協議会）に持っていきましたが、けんもほろろでした。もともと、高連協の当時の共同代表のおひとり、堀田力さんは介護保険に生活援助を入れるのに反対でした。

小島　介護予防メインの団体です。

上野　生活援助は地域のボランティアでやりなさいとおっしゃいますが、誰がそれをやるの、女じゃないですか。ご自分がやろうなんて思っていませんよ。それで私は堀田さんを批判しました。この方は「やってあげたい」人なんでしょう。自分が「やってもらう」側になるとは思

＊なだ いなだ：１９２９～２０１３年。精神科医・作家・評論家。本名は堀内 秀（ほりうち しげる）。ペンネームはスペイン語の〝nada y nada〟（何もなくて、何もない）に由来する。晩年の２００３年に『老人党宣言』（筑摩書房）を出版、それを契機に、インターネット上のヴァーチャル政党「老人党」を立ち上げ、活動を行った。

ってもいらっしゃらないのでは。

小島　30年前、私たちが介護を始めたときもボランティアだったわけです、私も含めてね。あのころの日本は皆さんに余裕があったんです。その主役は主婦たちで、彼女たちの頑張りがあって、地域の支援が成り立っていた。

今はボランティア感覚で入ってくるような人はいなくて、たずさわってきます。私はボランティアを否定するものじゃありません。身体や命に関わるところじゃなくて、生活を豊かにするような領域に関われればいいと思っています。

そこの区分けをきっちりしていかないといけないと私は思っています。今、介護の世界でボランティアをやれる人はほぼいないのですから。ボランティアの役割は、ケアの提供ではないはずです。ケアの提供は生命、生活の維持のため、ボランティアの活動は生活の質を豊かにするため、と言ってよいと思っています。

上野　高連協の方々は前期高齢者が中心、当時の目標は「高齢者も働かせろ」でした。いずれ誰もがかならず要介護者になっていくのに、要介護高齢者の利益団体はないのです。

第8章

理想の高齢社会は、幸せな「在宅ひとり死」ができること

「在宅ひとり死」は不可能？

上野　小島さんの著書は私が待ち望んでいた本でした。これまでの介護保険制度の改悪が現場にどのような影響を与えたのかを、ここまで克明に描いてくださった本はありません。やっぱり現場で制度をよく知っていて、その限界に振り回され、つらい思いをし、事例をよく知っている小島さんのような方じゃないと書けない本でした。

小島　ありがとうございます。

上野　それだけでなく、読んで、私の本『在宅ひとり死のススメ』への反発が、小島さんの執筆の肩を押したということがわかりました。私は、あちこちの介護現場を見てまわってきた結論として、「施設と病院が好きな年寄りはいない」と確信しています。

けれど、小島さんは本の前書きで「進んだ認知症のある人が自宅で暮らして自宅で死ぬのは、制約の多い今の介護保険制度では、ほぼ不可能と言わざるを得ません」と断言されています。現場を一番よく知っている方が「在宅ひとり死はできない」とおっしゃる。それはどういうことなのか、小島さんにぜひお聞きしたいと思います。現在の制度のままでは在宅ひとり死はできない、とおっしゃいますので、三つの大きな問いを立ててきました。

一つめは、どういう条件があれば「在宅ひとり死」は可能か。

二つめは、認知症でも在宅ひとり死は可能か。

三つめは、小島さんご自身はどういう最期を迎えたいか。

まず、私の認識から話します。寝たきりになっても、それなりにご自身の意思がはっきり分かっていて自己決定権を行使できるような方たちの在宅ひとり死はほぼ可能だと、私は答えを出しています。小島さんの実感はどうでしょうか。

小島　上野さんの3点にまずざっとお答えしますね。大きな課題ですから、細かい問題は後ほどご質問下さい。一つめの在宅ひとり死は、本人に強い意志があってそれに対応できる在宅サービスがあれば可能です。二つめ、認知症の場合は不安が強く意志が揺らぎやすい、決めたことを忘れてしまう。意志の継続が難しいのがハードルになります。不可能とはいえませんが、難しいと考えます。三つめの私自身の最期ですが、できることなら在宅ひとり死を望みます。ただ母を始め長生きした伯母たち全員が認知症になりましたから、超高齢になると認知症になる可能性は高い。その場合はグループホームかな。
私は、グループホームの運営を始めて約20年になるのですけれども、最初のうちは看取《みと》りをするとなると、「絶対に嫌だ。入院するべきだ」と言う職員もいたのです。それが、今では、そうした職員はいなくなっています。もちろん、若い職員の中には、最初は怖がってしまう人もいますが、そこを先輩職員たちがちゃんとフォローをしていて、落ち着いてケアをして、看取っていくというのができるようになっています。

看取りの経験を重ねていく中で、わかってきたことがあります。最初の頃は、看取りの時期には、喀痰吸引《かくたんきゅういん》*しなきゃならないだろうと思っていたのですが、実際にそうした場面に立ち会って見ると、痰がすごく出るのは、点滴したり、経管栄養**などで必要以上の水分が入っていたからでした。それをしないと痰はあまり出ない。もしくは固まった形になって、実は医者であってもうまく引けない。最期に点滴や経管栄養などを選ばないようになると、痰もそんなに出ないということが分かってきました。

上野　在宅医療も進化しました。在宅を担う医師や看護師らにも経験値が積み重なってきています。昔は、本人や家族が「経管栄養や点滴をやらない」と言うと、「餓死させるつもりか」などと脅かすような医師もいたようですが、最近は、そういうことをやると、かえって患者さんが苦しむことがわかってきています。医療の常識も変わってきていますね。

小島　点滴を入れなくても、口を湿らせてあげるぐらいの水分補給で10日間ぐらい最期までの

*喀痰吸引：吸引装置を使って口や鼻の中などのたんを吸引すること。
**経管栄養：口から食べられなくなった人に、鼻や口から挿入されたチューブなどを通じて栄養を与えること。

日々を過ごされる人もいらっしゃいます。とても穏やかな、たいていとても良い看取りになるので、ご家族も安心されてお別れができることが多いです。そういうことが分かるのは、研修よりも、やはり経験ですね。

上野　そうですね。訪問介護・訪問看護・訪問医療の3点セットがそろっていて、ご本人の意思がはっきりしていれば、寝たきりでも、排便が自分でできなくても、「在宅ひとり死」はできる。現時点で、そういう結論は出ているというのが私の立場です。これは認めていただいてよいですか。

小島　(行政や医療・介護関係者が) その気になればできると思います。実際に在宅看取りは訪問介護や小規模多機能型介護で私たちも経験しています。けれど、それができなくなるようにされているという実感をもっているのです。

上野　そこをおっしゃってください。

小島　たとえば、在宅でのターミナル期 (終末期) になると、一人暮らしだと最低一日に3回以上、訪問介護ヘルパーを派遣するといったことが必要になってくることが多いのです。けれど、現実には、そういうケアプランを組むこと自体が非常に厳しくなってきているのです。やはり介護人材不足の問題も大きいです。

上野　先の章でも述べましたが、介護保険サービスのメニューも増えて、定期巡回随時対応型訪問介護看護や看護小規模多機能型居宅介護といったサービスもできています。一日3回、ヘルパーさんに来てもらえる体制も、あるところにはあります。もちろん、そういう医療・看護・介護資源のあるところとないところで、地域に差があることは事実です。でもその気になれば、在宅ひとり死はできるということは答えが出ていると私は思っています。

小島　体制があるところにはあります。ないところにはないのです。あるところでは在宅ひとり死はできますけれども、それが一般化されていないと言えばよいのでしょうか。介護保険制度の下で、全国どこでも、だれでも、望めば在宅ひとり死ができるというようにするのが本来の国家の役割ではないかと思うのです。そうはなっていません。

上野　サービスの均霑化《きんてんか》の問題ですね。志のある医療・介護関係者がいるところでしか、「在宅ひとり死」を支えることができない状態だというのは事実です。徐々に担い手は増えてはいるものの、すべてのニーズに対応できるほどには増えていないというのが現実でしょう。そうなっているのは、どうしてだとお考えですか？

小島　たとえば、訪問介護の生活援助（掃除や洗濯、調理などの生活支援）が規定回数以上（たとえば、要介護5の場合では月31回以上）を超すと、行政のチェックを受けなければならない（自治体にケアプランを届け出る）というように介護保険の仕組みが変わってから、そのようなケアプランはほぼ消えました。その結果、有料老人ホームやサービス付き高齢者向け住宅などに入所する高齢者が増えたように感じています。

上野　「在宅ひとり死はできる」という選択肢が生まれてから、最期に高齢者施設のようなところへ行かなくていいのだと判断をする人々が、これからは増えてくると思います。私たち団塊世代のように権利意識が強い人々が年寄りになってくると「デイサービスは嫌」「高齢者施設も嫌」「独居でOK」という人も増えてくるのではないかと予測します。これまでのように、家族の言うことをおとなしく聞くような高齢者だけではなくなるでしょう。

小島　確かに、権利意識という点から言うと、教育を戦前に受けたか、戦後に受けたかで、明確な境目があるように思います。

上野　どういう違いでしょうか？

小島　やっぱり権利という言葉が出てくるのは戦後に教育を受けた方々ですよね。戦前に女学校にいた人たちに「これからどうしたいですか？」とお尋ねしても、「皆様の良きように」「家族の良きように」という返答が多いです。

上野　世代の違いですね。これまでのお年寄り、特に女性は、家族のために生きてきた人たちですから、「家族のために施設に入る」と考える人も多かった。けれど、これからは、変わってくるでしょう。

なんで年寄りになったからといって年寄りだけで一カ所にかたまって住まなければならない

のか。心身ともに弱った時になって、なじんだ住まいから、なんで施設に引っ越しをしなければならないのか、まったく理解できませんし、納得もできません。

私は、介護保険制度がスタートして23年の間に、制度ができる前には不可能だったことが可能になったという現場を見てきました。「おひとりさまの在宅看取り」は、23年前には不可能でしたが、今では可能になりました。

介護保険を制度と運用という面から見ると、制度は後退したかもしれませんが、現場は確実に進化しました。それを、この対談で、ちゃんとメッセージとしてみなさんに伝えたいと思いました。介護保険23年の歴史は決して無駄ではありませんでした。

小島　介護に携わる身としてとてもうれしい発言ですね。それは私も実感しています。だから、私もギリギリまで自宅で過ごしたいと思っています。

上野　その〝ギリギリ〟とはいつですか？

小島　それは、主に認知症になったらということなんですが……。

認知症でも「在宅ひとり死」は可能か？

上野　では二つめの、「認知症でも在宅ひとり死は可能か」の問いにいきましょうか。

小島さんはご本『あなたはどこで死にたいですか？』の前書きで「進んだ認知症のある人が自宅で暮らして自宅で死ぬのは、制約の多い今の介護保険制度では、ほぼ不可能と言わざるを得ません」と記しています。それでは、その制約をなくし、どのような条件がそろえば、認知症の人が独居でも在宅で最期までいられますか？　私はぜひ、これを聞きたいと思っています。

小島　認知症の場合、ご本人にとっても、ケアする側にとっても、ご家族にとっても、一番厳しい状況になるのは、認知症になりはじめの時期なのですね。たとえば、日中、デイサービスなどに来ているときには落ち着いて過ごされているのです。けれど、家に帰るとパニックに陥ってしまう。一人になり、何かしようとしてもどうしていいか分からなくなり、「どうしましょう」「どうしましょう」とヘルパーやケアマネジャーなどに電話しまくってしまう。まだ、自身で電話ができるうちは、そういうことが起きてしまいます。

あるいは、どこかに行ってしまうといったことが多く起きるのも、要介護1、2ぐらいまでだというのが現実です。本来、その時期が、周囲にとっては介護の負担が一番重いはずです。そこからさらに先へと認知症が進んでも、同時に身体的・体力的なものが落ちていっているので、少なくとも動き回ることは難しくなっていきます。ですので、認知症になり始めた頃から中期に入ってくるころまでの時期を越えれば、落ち着いていくことが多いのです。

けれど、その落ち着くまでの間を手厚くケアするという体制がまったくできていません。要するに、今の公的介護保険制度での要介護認定で用いられる日常生活自立度の判定と認知症のご本人と介護者の状況や負担との間には、すごく大きな乖離《かいり》があるのです。

上野　公益社団法人「認知症の人と家族の会」の方たちも、認知症の方に対する要介護認定でのADL（日常生活自立度）の判定のあり方には問題があるとおっしゃっていました。今は、身体的な自立度に重きが置かれ、認知症のある人は、要介護度が軽く出てしまう傾向があると。

そうすると、要介護認定制度の判定基準が、もっと認知症の要素が考慮されるように改善されれば、問題は解決すると思いますか？

小島　全部が解決されるとは思いませんけれども、少なくとも今よりもマシになるだろうと思います。認知症で独居の方に対するケアの提供回数を増やすことができると思います。その分、在宅で暮らしていく中で生じるリスクも、少しは減らせるようになると。

上野　認知症の初期でいちばん活動的なときには見守りが一番大事だということですが、どれくらいの頻度で見守りが必要なのですか？

小島　ある時期には、30分おきに必要になることもあるかもしれません。ところが今の介護保険の仕組みでは、訪問介護から次の訪問介護までの時間を原則2時間空けなければならないというルールがあるのです。けれど、2時間空くと、足腰が丈夫な認知症の人は、どこまでも行ってしまいかねません。こうしたことが、認知症での在宅を難しくしている制約の一つです。

「見守り」を人の目からテクノロジーに変えることは可能か

上野　そうした「見守り」を人の目からテクノロジーに変えることは可能なのかという点については、どうでしょうか？

小島　テクノロジーはある程度使える人には使っていけばいいと思います。認知症の人にGPSを持っていただくとすごく助かります。ただ、大抵の方が持ってくれませんね。

上野　GPSを持って歩かないようなら靴やバッグに仕込むなどの方法もあります。今ペットにマイクロチップを埋め込んでいるように、将来的に、認知症の人向けに体内埋め込み型のGPSができたら、それを利用することは許容範囲ですか？

小島　それは、許容しません。すごく悩ましいのですが、ずっと私の中でも大きな課題になっていることです。矛盾したことを言いますけど、「認知症になったらそんなに年がら年中付け回されなきゃいけないのか」という思いは確かにあります。以前、デンマークの高齢者施設を見に行ったときに、「こちらではGPSはどうしているのか？」と聞いたところ「使えますけれども、裁判所決定だ」との回答でした。やっぱり、GPSとかそういうものに関しては、私たちは〝人権〟というところから見たときに本当にいい加減な対応をしているなと痛いほど思いましたね。

上野　以前、監視カメラ問題で施設職員の方と議論したことがあるのですが、一方で監視ではあるけれども、もう一方では自衛のためにも役立つものでもあります。GPSや監視カメラにも、その両義性がありますね。そうすると本人の自己決定であればいいわけですが、認知症の人には自己決定能力がないという前提になるのでしょうか？

小島　それも微妙な問題ですね。グレーゾーンがいっぱいあるのが介護だとも思います。

〝在宅の限界〟とは、いつ誰が、何をもって判断するのか

上野　私が最近、こだわっている言葉に〝在宅の限界〟というものがあります。これが、ケアマネジャーからほんとうによく出てくるのですよ。

小島　出ますね。

上野　それで私は、「その〝限界〟を、いつ、誰が、何をもって判断するのですか？」と聞くようにしてきました。同じ質問を小島さんにしたいです。

小島　私は、身体的な介護の限界というのは、それこそ最期まで自分中心に、ご本人が判断できると思っています。一方で、認知症のある人の場合は、〝一人ではいられない〟ということを、

言葉ではないもので発信するときがあるのです。周囲に人がいないことによる不安がものすごく大きくなる。それが〝限界〟になるのではないかと思います。

そうなると、在宅でケアをするのがとても大変になります。けれど、そういう状況に認知症の人がなると、多くの場合、ご家族は施設に入れるとますます悪化してしまうと思って、なんとか在宅で持ちこたえようとします。いよいよ、もう耐えられないという状況になって、半分だますようにして施設に入れたら何の問題も起きなかった。そんな経験を何度もしてきました。

上野　そのような話は、私も聞いています。家族がぎりぎりに追い詰められてということでしょう。ですから、施設入居は自己決定じゃなく、家族の意思決定なのです。〝一人ではいられない〟というのはどういう時期に起こるものですか？

小島　初期の時もありますけれども、いろいろです。あるとき突然みたいなのもあります。認知症というのは、長いこと付き合っているとびっくりするような症状に出会うことがあります。

上野　どのようなものですか。具体例を教えてください。

小島　一般的な認知症だった方が、あるときから、「自分はこの国の総理大臣で……」といったことを言い始めたこともありました。それだけならば、笑って対応すればよいのですが、暴力的になって大声で叫ぶようになったのです。それ以前はまったくそういう人ではなく、豹変してしまったのです。理由もきっかけもわかりません。

上野　そういう場合は、鎮静などの医療的介入が必要になるようなレアケースだと思います。そういうレアケースを除くと、おだやかに過ごしておられる方なら、認知症でも在宅で最期までいられるケースは出てきています。

もう一つ食い下がりますが、「小島さんご自身にとって認知症でも在宅が可能だという〝ギリギリ〟のところは何ですか」というのをお聞きしたいです。

小島　やはり、同じ話になりますが、年がら年中不安に駆られているような状況になる時が〝ギリギリ〟かなと思います。そうなったら、一緒に過ごすことができるグループホームのようなところで過ごすほうがよいのではないかと思っています。

高齢者施設が良い施設ばっかりではないのは知っていますが、施設に入ってほっとした顔をされる認知症の人も多くいます。在宅で不安を感じながら生きるよりも、施設に入所しても不快でない状態で生きていければいいのではないかと思うのです。

上野　お言葉ですが、そこには諦めと適応があると思います。施設に入り、「帰る妄想」を訴えられる人は多いですよね。私は妄想だと思いませんけれど。みなさん納得ずくで施設に来てはおられません。騙し討ちや置き去りにされるような形で施設に入所させられたお年寄りが「なんで私はこんな所にいなきゃいけないいんだ。うちに帰る」とおっしゃるのは、妄想ではなくて悲鳴ですよ。

高齢期とは何とも言えないことばかり

小島　「帰る妄想」の方たちには、私も山のように会いましたけれども、だいたい自宅にいたときから帰る妄想があるのです。だから、帰る妄想というのは、自分がこの前まで住んでいた家に帰りたいということではないのです。グループホームにいてあまりにも「帰りたい」と言われるので、実際にご自宅に連れて帰ったことは何回もあります。でも、自宅に到着すると、クイっときびすを返して、グループホームへと帰ってきてしまうのです。ご自宅でも決していい思い出はなかったのだと思います。

家族がいる方だけでなく、独居の人でも同じようなことが何回もありました。これはどういうことなのだろうかと不思議に思います。高齢期というのは、何とも言えないことばかりだな、というのが実感です。「帰りたい、わが家」は人生のある時点の家だと考えられます。

上野　私自身の老後についても、何が起きるか分かりませんから、今から決めてどうこうなることではないとも思っています。けれど、私には今のところ積極的に自分の住まいを変える理由は何一つないので、できればこのまま「在宅でひとりで最期まで過ごしたい」と思っています。

小島　繰り返しになりますが、私は、認知症になって不安を感じるようになる人を多く見てきたので、一人がいいとは言い切れないものだと思っています。私自身は、「在宅ひとり」派なのですが、「在宅絶対」とか「施設が絶対」とか、どちらとも思わないのです。

上野　独居が孤独と思うのは短絡ではないでしょうか。医師やナース、ケアマネさんやヘルパーさんがいつでも出入りして、孤独でなければいいでしょう。24時間傍に誰かがついているような見守りが必要でしょうか。私だったら嫌ですね。

とはいえ、私も、「在宅ひとり死原理主義者」ではありません。高齢者施設に入所して、そこでご機嫌よく、お仲間と楽しく暮らしていらっしゃる方も知っています。私も、自分の将来予測ができるわけではないので、どうなるか分かりません。ですから、少なくとも選択肢があるほうがないよりはいいと思っています。

小島　まさにそうなのですよ。選択肢をたくさんつくっておいて、誰でも自分に合った選択肢をちゃんと選べるようにするのが、これからの高齢社会のあるべき姿だと思うのです。そこが圧倒的に足りないということだと思うのです。

上野　選択肢があるほうがよいのは、在宅ひとり死は難しいから、なんですか。

小島　現状では、なかなかできないですよ。原則として中程度以上の認知症がある人に対しては、私としては、在宅ひとり死を勧めようとは、思いません。

上野　今は、「最期は施設入居が上がり」という流れがあまりにも定着しているので、「在宅ひとり死も選択肢としてあるのだ」ということを訴えていくためにも、少し強めに「認知症になってても在宅ひとり死はできる」というメッセージを社会に送る必要があると思っています。事実、事例は徐々に増えてきていますから。

「サ高住」が増えたのは厚労省と国交省の〝陰謀〟？

上野　それでは、最後の問い、小島さんご自身の老後はどうなさいますか？

小島　私も今は、一人暮らしです。ですから、将来的には、グループホームに入ることもありかなと思っています。たぶん認知症になるでしょうから。母と長生きした伯母全員が認知症になりましたから可能性が高い。

上野　これまで医療や介護の専門職に「認知症で独居の在宅看取《みと》りはできますか？」と質問したときに、かなり多くの専門職の答えは「やっぱり最期は高齢者施設かグループホームですね」でした。サービス付き高齢者住宅（サ高住）とはおっしゃいませんね。

小島　私も「サ高住は中途半端だ」ということは、伝えていかなければと思っています。サ高住は、元気な状態で入居したときはよいのですが、認知症になり、周りの人たちを夜中たたき起こしてしまうような状態になったときには、そこに居続けられなくなることがあります。当方のグループホームにはサ高住から移って来た人が5年間に4人います。私も高齢者共同生活運営住宅「グループリビングえんの森」を運営していますが、入居される方には、認知症が進行したときには「グループホームへ移ることも検討されますか？」と最初に尋ねておくことにしています。

上野　「サ高住」がこれだけ増えた理由は、設置に多大な予算が必要になる特別養護老人ホームなどの高齢者施設を増やさない。その代替となる選択肢としてサ高住をつくるという、厚労省と国交省の〝陰謀〟じゃないでしょうか。

小島　あれは、〝陰謀〟ですね。大失策ですが。

上野　淘汰されていくのは当然だと思います。質の悪い事業者が退出していく仕組みが必要です。淘汰というのは、消費者、つまりユーザーがちゃんと質で選ぶときに起きるわけですが、日本のシルバーマーケットは良貨が悪貨を駆逐するというふうになってきませんでした。実際には、逆のことしか起きてこなかった。どうしてかというと、サービスのユーザーと購買者が違うからです。

介護サービスの受益者（利用者）は高齢者ですが、そのお金を払うのは家族ということが多かった。でも、団塊世代が高齢者になると、受益者と購買者が一致するように変わっていくだろう期待しています。

ですので、今はあれができない、これができないという否定的なモデルよりも、あれもこれもかつてはできなかったことができるようになったという肯定的なモデルを提示する時期だと思っています。

小島　私も今は事業者サイドから介護サービスに関わっていますが、いずれユーザーになります。だから私は、これまで自分たちが頑張ってつくってきた介護保険制度について、レベルが落ちていってほしくないなと思っています。我々が育ててきた介護職員たちが、ちゃんと次の人を育てられるようになってほしい。それはもう本気で思います。

ヘルパーさんがいなくなる！

上野　けれど、その介護保険が、どんどん使い勝手が悪くなっていっています。それに、制度が複雑になりすぎています。○○加算が次々とつくられて、利用者にはわかりにくくなりました。

小島　確かに、ご本人にも「元々、この加算が付きます」「要介護度が上がったから、この加算は付かなくなります」といったことを説明しますが、わからないですよね。本人にも分かる制度にしないとまずいですね。

私が2022年1月、「ホームヘルパー消滅の危機」というタイトルで毎日新聞に寄稿したら、それを読んだ人からツイッターなどで「そんなことになっているんだ」という驚きの声があがったのです。私たち介護に関わる者の間では、ずいぶん前からホームヘルパーが消滅の危機にあるということは言われてきていたのですが、世の中の人には伝わっていなかったのです。

皆さん、将来もこれまで通りにヘルパーさんが来てくれるものだと思って、老いたときの生活をイメージしていらっしゃる。でも、そのようにできなくなったらどうするのでしょうか。

私のところのヘルパーさんには、60代、70代がいっぱいいます。70代の人に「辞めたい」と言われても、拝み倒して引き留めているような状況です。そんな現状が、介護業界からきちんと発信されていない。だから、私は「ヘルパーさんがいなくなるよ」ということは強く言わせてもらいます。

上野　これも繰り返しになりますが、ヘルパーがいなくなる原因は、はっきりしています。介護保険の報酬単価の設定が低すぎることに根本的な理由があります。それでは、ヘルパーの待遇改善は、どのくらいがのぞましいかと現場の方たちにヒアリングしたら、要求はつつましいものでした。月額平均で25万円から35万円あれば続けられるとおっしゃいます。それだけの額も出せないのかと思います。

労働条件を現状のように抑制したまま、外国人に来てもらおうという話もありますが、コミュニケーションや異文化ギャップなど課題は多いです。介護の人手不足の解消のためには介護職の労働条件を上げる以外に解はないのです。それなのに、介護職の賃金を上げられないのは、介護という仕事を、女性なら誰でもできる非熟練労働だと考える思考から脱却できていないからだと思います。議論を詰めていったら、そこにしか答えが行き着きません。

小島　ヘルパーという職種がなくなっていくと、どういうことになるかというと、たとえば、独居で亡くなった高齢の利用者さんの場合、親族を探し出してもたいていは遠縁で、関わってもらうことは期待できません。一方で、ヘルパーたちが、人生最期に、親身になって介護して、亡くなられると涙を流して惜しむ。介護職は医療職より利用者さんとの距離が近いということもあります。こういう在宅介護職は超高齢社会になくてはならない存在だと思うのです。

上野　それを支えているのが介護保険制度です。この制度をつくってほんとうによかったのです。だからこそ、制度を守り抜かなければいけないのですよ。

小島　守っていかなければ、私たちはどうなるのですか。介護事業者の私だって、いずれあと10年もすればユーザーになるわけですから、それは、はっきりしていることですからね。

上野　最近、介護関係者に「介護って本当はとっても楽しい仕事だったのに、だんだん、そう思えなくなってきた」と言われたことがありました。つらいですね。

小島　良い仕事に就いたと思って介護の仕事を始めた若い職員の、その気持ちを維持してあげられないというのは、つらいことですよね。

上野　私も介護現場を見てきて、若い人たちは介護の仕事を好きなんだと思いました。

小島　いい顔をしているでしょう。いい介護職っていうのは、本当にいい人たちです。

上野　友人に「上野さんが介護保険という制度を信頼していられるのは、いい人たちに会ってきたからだね」と指摘されたことがありました。制度を支えるのは人ですから、こういう人たちがいる間は、日本の介護保険制度は大丈夫だと思えるのです。ほんとうに介護業界の人たちは優しくていい人たちです。

小島　優しくて、忍耐強いし、徹底的に相手の立場に立って考えようとするし、その気持ちは尊いと思います。この人たちを守るために、私はこの二十数年働いてきたのだと思っています。この人たちが、介護の仕事を好きなまま続けていられるようにしていかなければいけないと思っています。

「在宅ひとり死は可能か？」というテーマで、在宅と施設のどちらを選ぶのか、どちらを大事にしたいのかということを話し合ってきました。けれど、きちんと収入が確保されなければ、金銭的な面から高齢者施設に入ることも難しくなる。結局、在宅しか選べなくなる。そこの問題が一番大きいと思います。在宅か、施設かを選べるというのは、ある意味、お気楽な話なのです。

上野　その批判は、在宅推進派の私にも向けられます。「在宅」という名の「放置」は深刻な問題です。

「なんでもあり」の老後を最期まで生き切る

小島　まずは、介護保険サービスをきちんと維持して、誰に対しても、もちろん在宅であってもサービスを十分に提供できるような体制をつくっておく必要がありますね。

上野　あとは、やはり高齢者の購買力ですね。そもそも介護保険制度ができたときに、税方式か、保険方式かが大きな議論となりました。何度も言いますが、私は結果論として保険方式にして良かったと思っています。日本人にそれまでなかった、(公的なサービスに対する) 権利意識が生まれたからです。

けれど、制度ができた当初から、貧困層をどうするのかという問題が指摘されたまま、今までできてしまったことになりますね。

小島　介護保険制度ができた功は大いにあると思っています。けれど、制度ができてから約20年の間にあちこちほころびかけています。まずは貧困層の問題も含めて介護保険制度を立て直す。少なくとも負担ばかり増やしてサービスが利用できないようなことにしてはいけません。

上野　先ほども述べた障がい者自立生活運動のリーダー、中西正司さんとともに、必要な人に、必要なとき、必要なだけ、年齢を問わず、サービスを提供するための「ユニバーサル社会サービス法」のアイデアを出したことがあります。こういった視点は、これからの制度を考える際に重要でしょう。

介護の研究を進めていく中で、私自身は「なんでもあり」と思うようになりました。高齢期には何があるかわからない。私もジタバタするかもしれませんし、もしかしたら、「在宅ひとり死のススメ」も翻すかもしれません。それでもいい。最期まで生き切ることができればいい。それを支えるのが制度です。その介護保険制度を守っていくためにご一緒に闘いましょう。

第8章「理想の高齢者社会は、幸せな『在宅ひとり死』ができること」は、朝日新聞社が運営する認知症当事者とともにつくるウェブメディア「なかまぁる」の、「上野千鶴子×小島美里対談（前編）～在宅ひとり死は可能か?・」（2022年12月19日配信）、「上野千鶴子×小島美里対談（中編）～認知症でも在宅ひとり死は可能か?・」（12月20日配信）、「上野千鶴子×小島美里対談（後編）～どういう最期を迎えたいか」（12月21日配信）（以上、取材：なかまぁる編集部）の一部を許諾を得て加筆修正し、転載したものです。

あとがき

小島美里

この本が出来上がるまでの経緯から始めたい。上野千鶴子さんとは２０１６年11月に雑誌の企画で初めての対談をしている。このときのテーマは「介護保険を使いながら、『最期まで家にいたい』の願いを叶えるには」だった。それから3年経った２０１９年暮れに電話をいただいた。「介護保険が改悪されるから、アクションを起こしたい」とのお話だった。この時の改悪案もとても容認できるものではなく、反対の声を届けるためにはなんだってしようと思っていたところだったから、即座に賛同した。そして２０２０年1月14日、新型コロナウィルスがそこまで来ているギリギリのタイミングで院内集会「介護保険の後退を許さない会」を開催、介護事業者、介護職員、研究者、要介護当事者、介護家族、要介護予備軍、介護保険にかかわるあらゆる人々が定員３００人の会場を埋めた。その熱気はかつてなかったものだった。

それからの3年間はコロナ禍一色、私を含めて介護事業者は感染症対応に追われる日々だった。介護施設での感染者は治療もされず施設内に留め置かれ、在宅サービス利用者も感染の波が度重なると次第に「在宅療養」という名の放置が増えていった。認知症がある利用者さんからコロナ陽性との報を受け、防護服を身につけて訪問したら本人はお出かけ、なんてことが当たり前に起きた。つらい日々がいつ終わるとも知れず続いた。

度重なる改悪と低報酬に苦しんできた中小の介護事業所のコロナ禍に最後の一撃となって閉鎖倒産が相次ぐ中で、2022年度は介護保険改正作業が進められた。その内容は本文に詳しいが、「人でなし！」とののしりたいほどの酷さである。しかし反対運動を起こす気力は介護事業者仲間には残っていなかった。それでもここで何もしなかったら悔いを残す。思いついて2020年の院内集会で作られたメーリングリストに「アクション起こしませんか」とつぶやいてみた。8月末のことである。あと3か月で介護保険部会の結論がでるギリギリのタイミングだ。すると間髪を置かず反応してくださったのが上野さんだった。それからの2か月余りは怒涛の日々、3回のWEB集会に、締めは衆議院第一議員会館での院内集会と予定を組んだ。多忙を極める業界有名人に登壇を依頼するのだからその調整も半端じゃない。この間の上野さんの活躍は目を見張るものだった。「上野さん、本気だ！　凄い！」と何度も思った。オンラインアクションの裏方を担ったのも上野さんだった。「上野さん、事務能力ありますね」と褒めただけで、こんなことまで押し付けてホントにごめんなさい。その上、WEB集会に医療関連の4回目を加えようと提案したのも上野さんである。その勢いに圧されてか今まで「反対集会」には名を連ねることはなかった方々まで続々参加、各回とも介護関連では知らぬ者のはいない方々が登壇を引き受けてくださった。

インターネットを使った効果が表れたのはWEB集会1回目の翌日のことだった。この回に登壇した「認知症の人と家族の会」が始めていたWEB署名が「バズった」のだ。Twitterで「介護保険2割負担」がトレンド入りしたのである。そして4回のWEB集会と院内集会は当日だけでなく、ユーチューブで流され、4万回を超える視聴があった。

院内集会の翌月、これまでになかったことだが、介護保険部会は先送りの結論を出した。さすがに顔色を見たのだろう。もちろん「先送り」だからまだまだ反対の声を挙げ続けなければならないが、ここでできた連携はこれからにつながっていく。

そして、ここにいたるまでにはもう一つの道筋があった。昨年7月に発刊された自著『あなたはどこで死にたいですか？　認知症でも自分らしく生きられる社会へ』は、ほかならぬ上野千鶴子著『在宅ひとり死のススメ』に触発されて、というより反発して書いたものだ。在宅ひとり死のススメ？　それどころじゃないのよ、現場は。上野さんわかってないな。ここは私が反論を書くしかない。そう無謀にも思い定めて取り掛かった。これが伝わらないはずはないとは思っていたし、いずれ反論はされるだろうと覚悟していた。ところが本が出てしばらくすると、そのご当人から「こんな本が欲しかった」とツィートしてくださった。驚いた。そして嬉しかった。先の「アクション起こしませんか」メールを出したのはその直後のことである。

さて、この対談は昨年12月末、介護保険部会の先送りが決まった直後である。私にとっては上野さんからの反論をいただく貴重な機会となった。とっさには答えられない難問や、考え直してみたいと思う指摘も含んでスリリングなものだった。読み返すとかみ合わない部分もあるが、それも私の経験不足と、予定調和なし、真剣勝負ゆえとお許しいただきたい。

さて、読者に託す思いは上野さんが「まえがき」でほぼ書き尽くしてくださったが、介護事業者として是非ともお願いしておきたいことがある。皆さんが介護保険サービスの利用者になられたとき、ヘルパーや事業所と良き関係を築いてほしいというものだ。介護の現場は双方の信頼で成り立っている。要介護状態という人生の終末期を託し託されるのだから、信頼関係がなければよい看取りにならない。もちろんいい加減な対応をガマンしてほしいということではない。そんなときはわかりやすい言葉でしっかり伝えていただきたい。あなたよりはるかに若く人生経験も少ない人々が介護にあたっているのだから。おこがましいが、介護サービス事業者の小島と将来のユーザーである上野さんが厳しい対立も残しながら、介護保険改悪に対して頼もしい仲間と認め手を携えているように。

そして、私たちの改悪反対アクションに是非とも参加していただきたい。あなた自身の、そして20～30年後にこの制度を利用することになる団塊ジュニアのために。

【著者略歴】

上野千鶴子（うえの・ちづこ）

1948年、富山県生まれ。京都大学大学院社会学博士課程修了。社会学者、東京大学名誉教授、認定NPO法人ウィメンズアクションネットワーク（WAN）理事長。女性学、ジェンダー研究のパイオニアであり、理論的リーダーとして活躍。高齢者の介護とケアの現場にも関心をもち研究テーマとして取り組む。最近では安倍元首相の国葬反対署名や介護保険改悪反対を呼びかけるなど、研究と共に社会運動の先頭に立ち続けている。

『近代家族の成立と終焉』（岩波現代文庫）、『おひとりさまの老後』（文春文庫）、『最期まで在宅おひとりさまで機嫌よく』（中央公論新社）、『非婚ですが、それが何か!?』（水無田気流氏との対談、ビジネス社）など著書多数。

小島美里（こじま・みさと）

1952年、長野県生まれ。1984年から12年間、新座市議会議員を務める。1990年ごろ全身性障がい者の介助ボランティアグループを結成したのをきっかけに、介護事業に関わるようになる。2003年、NPO法人「暮らしネット・えん」設立。代表理事を務める。訪問介護、居宅介護支援、小規模多機能型介護、グループホームなどの介護保険事業や障害者支援事業を中心に、高齢者グループリビング、認知症カフェなど様々な事業を運営する。

2009年毎日介護賞受賞。専門誌や新聞への寄稿、テレビ出演などを通じて介護の現場からの発信を続けている。

著書は『おかしいよ！改正介護保険』（共著、市民福祉情報オフィスハスカップ編、現代書館）、『あなたはどこで死にたいですか？　認知症でも自分らしく生きられる社会へ』（岩波書店）など。

おひとりさまの逆襲　**「物わかりのよい老人」になんかならない**

2023年5月1日　第1刷発行
2023年6月1日　第2刷発行

著　者　上野千鶴子　小島美里
発行者　唐津　隆
発行所　株式会社ビジネス社
〒162－0805　東京都新宿区矢来町114番地　神楽坂高橋ビル5F
電話　03－5227－1602　FAX 03－5227－1603
URL　https://www.business-sha.co.jp/

〈カバーデザイン〉大谷昌稔
〈装丁写真〉後藤さくら（上野千鶴子）、丸橋ユキ（小島美里）
〈本文DTP〉茂呂田剛（エムアンドケイ）
〈印刷・製本〉モリモト印刷株式会社
〈編集担当〉前田和男　〈営業担当〉山口健志

ISBN978-4-8284-2516-0